企业常见法律问题分析及应对策略

广州市律师协会◎编

中国法治出版社
CHINA LEGAL PUBLISHING HOUSE

“广州律智”法律服务系列丛书
总编辑委员会

本书编辑委员会

主　编

张豫侃　张　扬

副主编

蒋　霆　刘紫波　钟铁蕙　胡莲娣　彭　莎

成　员

（排名不分先后）

汪　超　马晓滨　刘士杰　罗裕聪　嵇凤森

李海芳　郭泽荣　李　梅　梁文卿　陈冰华

甘静仪　邓春燕　孙新星　方琼燕　翁俊永

马广滨　雷莉莉　邓岚莺　禤蕴菁　周其俊

李文杰　汤嘉丽　李梓琪　莫碧琪　陈雪儿

张思旭　刘宗宜　杨舒涵　潘禹铭　李家滔

潘彦卓

前　言

在当今复杂多变的商业环境中，企业面临着前所未有的法律挑战与机遇。为了更好地帮助企业理解并应对这些法律问题，广州市律师协会企业法律顾问专业委员会精心编纂了《企业常见法律问题分析及应对策略》一书。本书旨在为企业提供一份实用的法律指南，助力企业在激烈的市场竞争中稳健前行。

本书汇聚了众多律师和法律学者的智慧与经验，他们凭借深厚的法学功底和丰富的实践经验，对企业可能遇到的各种法律问题进行了全面而深入的分析。从企业股东权益、经营管理与用工风险，再到企业融资与刑事法律风险防范，本书几乎涵盖了企业运营的所有关键环节。

在股权架构与股东权益方面，本书不仅详细探讨了如何设计合理的股权结构以平衡各方股东权益、有效防止内部纷争，还深入分析了股东出资过程中可能产生的法律风险及其相应的防范措施。在企业经营管理方面，本书不仅全面介绍了企业在对外担保、特许经营中的法律风险及其应对策略，还针对合同纠纷的处理、企业破产清算的法律问题等进行了详尽阐述。在劳动用工管理方面，本书则深入剖析了企业违法用工的风险防范、工伤纠纷的处理等常见劳动法律问题，并提供了切实有效的应对策略。

此外，本书还结合了最新的法律法规和政策动态，对直播带货、数字藏品平台等新兴领域的法律风险进行了前瞻性探讨，为企业提供了与时俱进的法律指导。通过阅读本书，企业不仅能够获得解决当前法律问题的有效方法，还能够提升对未来法律风险的防范意识。

值得一提的是，本书在编写过程中，注重理论与实践相结合，通过大量的案例分析，让读者能够更加直观地理解法律问题的本质和应对策略。同时，本书的语言通俗易懂，结构清晰明了，方便读者快速查找和解决问题。

《企业常见法律问题分析及应对策略》一书是企业法律顾问和经营管理人员的必备工具书。我们相信，通过本书的指引和帮助，企业将更加从容地应对各种法律挑战，实现稳健、可持续的发展。

感谢所有参与本书编写的作者和中国法治出版社的编辑，是大家的辛勤付出和无私奉献，本书才得以顺利出版。同时，我们也期待广大读者能够积极反馈意见和建议，以便我们不断完善和提高本书的质量和水平。

广州市律师协会企业法律顾问专业委员会

二〇二四年十一月

目　　录

第一部分　企业合规问题

律师参与国有企业合规管理体系建设的实务要点 …………… 刘紫波 / 3

法律顾问视角下的合同法律风险管控 ………………………… 汪　超 / 18

浅析数字藏品平台企业法律风险
——以企业合规管控为视角 …… 蒋　霆　马晓滨　刘士杰　罗裕聪 / 27

论直播带货的合规性问题 ………………………………… 嵇凤森 / 42

漫谈企业合规之竞业限制 ………………………………… 李海芳 / 47

论企业的数据合规管理体系建立 …………………………… 彭　莎 / 53

企业法律顾问在企业合规管理中的作用 ……………………… 郭泽荣 / 59

针对非国家工作人员受贿情形的合规建议 ………… 刘宗宜　杨舒涵 / 65

第二部分　企业股东和股权问题

中小企业股权架构设计与税务筹划 ………………………… 张　扬 / 73

股东知情权中查账权的行使与公司应对 ………… 张　扬　李梓琪 / 77

董事须对全资子公司承担忠实勤勉义务 …………… 张 扬 陈雪儿／ 86

漫谈股东如何提起解散公司之诉 ……………………… 张豫侃／ 90

公司合伙制运营模式下股东不和应对之道 ……………… 李 梅／100

未出资股权转让后的出资义务分析 ……………………… 梁文卿／111

瑕疵出资股东的诉讼权利及出资加速到期义务

——以股东起诉解散公司之诉为例 ………… 陈冰华 张思旭／119

外资企业的股权激励协议中境外管辖约定是否有效 ……… 莫碧琪／131

董事会“一票否决权”的表决机制能否真正保证公司稳定

发展 ……………………………………………………… 汤嘉丽／135

浅析抽逃出资的认定情形及合规路径 …………………… 张思旭／139

“对赌协议”的法律问题 ………………………………… 潘禹铭／144

康某药业案后上市公司独立董事制度的危机与转向 ……… 李家滔／150

第三部分 企业经营问题

公司对外担保的法律风险及对策 ……………………… 胡莲娣／159

论商业特许经营加盟费的返还 ………………………… 甘静仪／165

建工企业常见法律风险分析与防范建议 ………………… 邓春燕／173

药品买卖合同纠纷的若干争议分析与法律风险防范

——以一宗国家医保目录的药品买卖系列案为例 ……… 孙新星／180

从一起非法吸收公众存款罪及集资诈骗罪案例看企业融资过程中的刑事法律风险防范 …………………… 方琼燕 / 189

第四部分　企业用工问题

员工在关联公司之间异动后，用人单位惩戒权的承接范围及使用原则 …………………… 翁俊永 / 199
浅论持外国人专家签证来华就业的退休人员与用人单位之间的法律关系 …………………… 马广滨 / 211
企业违法用工的风险及防范 …………………… 雷莉莉 / 215
基于劳动者个人信息保护的企业用工合规建议 …………………… 潘彦卓 / 227

第五部分　企业的解散与破产问题

公司解散的诉讼要件及裁判规则解析 …………………… 邓岚莺 / 235
破产程序中引发的取回权纠纷
——融资租赁合同性质及租赁物特定化问题 …………………… 禤蕴菁 / 240

第六部分　律师工作实务

浅论律师在企业危机公关事件中的作用 …………………… 张豫侃 / 251
提升企业常年法律顾问业务吸引力的方法探讨 …………………… 周其俊 / 258
青年律师如何开拓案源
——以餐饮行业法律服务为例 …………………… 李文杰 / 267

第一部分
企业合规问题

律师参与国有企业合规管理体系建设的实务要点

刘紫波[1]

摘要：近年来，国家重点打造法治国有企业，为保障企业可持续健康发展，国务院国有资产监督管理委员会（以下简称国资委）及省市地方国资委加强了国有企业合规建设，并出台了相应的管理指引及合规管理办法。目前，我国国有企业在合规管理方面仍存在诸多问题和不足，在实施“走出去”战略过程中，遇到了前所未有的挑战。只有充分认识当前面临的形势和存在的问题，才能制定有效措施来构建完善的合规管理体系以应对和防范经营风险，在此基础之上，本文拟对律师参与国有企业合规管理体系建设的实务要点进行归纳和总结。

关键词：国有企业　合规管理体系建设　实务要点

2022 年末，我律师团队受广州市某大型市属国有企业邀请，为其提供企业合规管理体系建设的专项法律服务。受邀后，笔者派出团队成员对该国有企业及其上下级企业、上下游合作商进行了深入走访调研，并根据该国有企业的实际需求结合国有企业合规管理体系建设的专业性问题进行了深入研究，为该国有企业提供了符合其实际情况且可操作性极强的合规管理方案，并获得了该国有企业的深度好评。通过此次定向专题研究，我律师团队对国

---

① 刘紫波：广东国鼎律师事务所律师。

有企业合规管理体系建设专项法律服务项目有了更深刻的认识，并取得了更丰富的经验，现将相关实务要点进行梳理，以抛砖引玉。

一、国有企业合规管理体系建设的重要性

近年来，为推动企业高质量发展，我国有关部门相继出台了一系列企业合规监管规定。2017 年，国家标准化管理委员会发布了《合规管理体系指南》[①]，为企业提供建立合规管理体系的标准和建议。2018 年，国务院国资委印发了《中央企业合规管理指引（试行）》，使国有企业合规管理的概念以法律规范的形式呈现。2018 年，国家发展改革委会同六部门发布了《企业境外经营合规管理指引》，为境外企业的经营合规管理工作提供了相关指引。2022 年，为深化法治央企建设，推动中央企业加强合规管理，切实防控风险，有力保障深化改革与高质量发展，国资委公布了《中央企业合规管理办法》，并在该办法总则中明确规定了合规、合规风险、合规管理的定义[②]。

根据《中央企业合规管理办法》的相关规定，国有企业的合规主要体现在企业的经营管理行为、员工履职行为须合法、合规、合章程。因此，合规风险贯穿国有企业经营管理的全过程，需要通过合规管理以有效防控合规风险。鉴于合规风险存在于国有企业的整个存续期间，防控合规风险的合规管理工作必然是国有企业长期的、持续的公司治理行为，构建完善的合规管理体系对国有企业的发展具有十分重要的意义。

---

① 该指南已被《合规管理体系 要求及使用指南》（GB/T 35770-2022）代替。

② 《中央企业合规管理办法》（国务院国有资产监督管理委员会令第 42 号）第 3 条规定，本办法所称合规，是指企业经营管理行为和员工履职行为符合国家法律法规、监管规定、行业准则和国际条约、规则，以及公司章程、相关规章制度等要求。本办法所称合规风险，是指企业及其员工在经营管理过程中因违规行为引发法律责任、造成经济或者声誉损失以及其他负面影响的可能性。本办法所称合规管理，是指企业以有效防控合规风险为目的，以提升依法合规经营管理水平为导向，以企业经营管理行为和员工履职行为为对象，开展的包括建立合规制度、完善运行机制、培育合规文化、强化监督问责等有组织、有计划的管理活动。

二、律师参与国有企业合规管理体系建设的必要性

合规管理体系的建设和完善，是国有企业内部的长期治理过程。国有企业的经营管理环境和交易环境的复杂性，使其合规管理体系的建设和完善颇为复杂。在此过程中，国有企业内外部环境的变化，都可能引发一定的合规风险。律师作为具备专业法律知识的第三方，可以运用专业知识和技能，根据相关法律法规政策，结合国有企业的实际情况，对其合规过程中所面临的内外部环境因素进行充分考量，以构建出合适、完善的合规管理体系。

（一）内部环境的影响

根据《中央企业合规管理办法》的相关规定，国有企业合规的内容主要包括经营管理行为、员工履职行为，这两项内容都属于企业内部由具体个人操控的公司经营或治理行为，都将可能引发相应的合规风险。

关于经营管理行为引发的合规风险，多起源于企业治理结构单一，企业管理层、部门之间职责不明或重叠或相互配合缺乏制度保障等，导致企业治理经营管理流程中缺少必要的程序保障。

关于员工履职行为引发的合规风险，一方面，当员工自身利益与企业利益并未朝同一方向发展时，员工将可能因追求自身利益而违反企业制度、违背公司利益，从而引发合规风险；另一方面，当员工自身合规意识淡薄时，将可能因疏忽大意犯错而引发合规风险。

（二）外部环境的影响

国有企业的经营管理行为或员工履职行为，都与外部环境紧密相连。外部环境发生变化可能引发的合规风险，主要体现在以下方面：

第一，法律法规、规章及规范性文件的更新，将可能导致国有企业从前某些合法合规的经营管理行为或模式变成不合规甚至不合法。

第二，国有企业所在行业供应链上下游客户的不合规行为，引发国有企

业自身的合规风险。

第三，国有企业所在行业的监管部门或执法部门的任务性要求等，引发国有企业自身的合规风险。

第四，其他非国有企业自身因素而引发的合规风险。

近年来，由于诸多内外部因素，公平竞争与反垄断、反不正当竞争、进出口管制、隐私与数据安全、知识产权保护、税务合规、环境合规、劳动合规等方面的合规法律服务越来越活跃。律师作为独立的第三方专业人士，能够运用法律专业知识，中立、客观、专业地分析国有企业存在或面临的问题和风险，从而为国有企业构建合适、完善的合规管理体系。

三、国有企业合规管理体系建设的主要内容

根据《中央企业合规管理办法》《广州市市属企业合规管理指引（试行）》等相关规定，国有企业合规管理体系建设的内容主要包括合规管理职责、合规管理重点（包含重点领域、重点环节、重点人员）、合规管理运行、合规管理保障四个方面。

（一）构建合规管理职责

根据《广州市市属企业合规管理指引（试行）》的相关规定，国有企业应当在企业内部构建合规管理职责体系，搭建责任明确、层次清晰、管控严密、上下联动的一体化合规管理组织架构体系，主要包括：董事会、经理层、合规管理部、法律事务部以及业务部门的合规职责。

通过构建完备的合规管理职责体系，能够使国有企业加强对本企业合规管理体系建设的组织领导，牵头制订合规管理工作规划和年度工作计划，及时研究解决合规管理体系建设的有关重大问题，深入推进合规文化建设，推动企业形成浓厚合规企业文化氛围。

（二）建立合规管理重点

根据《广州市市属企业合规管理指引（试行）》的相关规定，国有企业应当根据外部环境变化，结合自身实际，在全面推进合规管理的基础上，突出重点领域、重点环节和重点人员，切实防范合规风险。

国有企业合规管理体系的构建落到实处的体现是完备且成文的企业制度体系，企业上下将以此为行动指南开展合规管理工作。因此，国有企业应根据合规管理的相关规定结合自身实际情况和合规重点，制定完备的合规管理制度体系。

（三）推动合规管理运行

根据《广州市市属企业合规管理指引（试行）》的相关规定，国有企业合规管理体系的运行主要应从以下方面开展：建立健全合规管理制度；建立合规风险识别预警机制；建立合规联席会议机制，加强合规风险应对；建立健全合规审查机制，强化违规问责，开展合规管理评估。国有企业的合规管理运行机制，可统筹协调企业原有的风险管理、内部控制等管理体系或机制，从组织架构、风险管理工具、管理工作及流程方面进行整合，提升企业在合规管理、风险管理及内部控制方面的效率效果。

（四）确立合规管理保障

根据《广州市市属企业合规管理指引（试行）》的相关规定，国有企业应设立以下制度保障其合规管理制度的运行效果：加强合规考核评价；强化合规管理信息化建设；完善激励约束机制；建立专业化、高素质的合规管理队伍；重视合规培训；积极培育合规文化；建立合规报告制度。

四、律师参与国有企业合规管理体系建设的前期工作

为构建有效的合规管理体系，律师需要对国有企业所属的行业现状、日常的经营业务范围、开展方式、监管部门、涉及的法律法规等方面进行了

解。在为广州市某大型市属国有企业提供合规管理体系建设法律服务的过程中，我律师团队主要从以下三个方面开展前期工作。

（一）组建合规业务律师团队

国有企业合规管理体系建设涉及企业经营管理和企业员工履职行为的方方面面，是一项团队化业务，需要在相应领域具备专业优势的律师共同参与。在此阶段，可以根据国有企业的实际情况，根据不同的标准设置不同的工作小组，并通过各小组所负责的内容吸纳对应专业领域的律师参与和负责。根据国有企业合规的相关管理规定，可以考虑根据以下三种标准设置合规工作小组，并有针对性地吸纳具备专业优势的律师负责小组工作。

1. 根据企业重点领域设置合规工作小组

国有企业重点领域包括：公司治理、市场交易、投资管理、数据信息安全、资本运作、安全环保、产品质量、工程建设、劳动用工、财务税收、租赁性资产管理、土地资产管理、知识产权、出口管制、商业伙伴及其他需要重点关注的领域。可以根据国有企业重点领域的不同特点有针对性地组建合规工作小组。

2. 根据经营管理环节设置合规工作小组

国有企业经营管理环节包括：战略管理、劳动人事、财税管理、资产管理、产品运营、供应管理、营销管理、行政管理等。

组建合规业务团队时，应要求团队成员必须具有专业的法律知识背景和实操经验，而且团队成员不必局限于某个律师事务所，可跨所召集在相关领域具备专业优势的律师，尤其当某一领域为该国有企业尤其重点的领域时，更应就该重点领域的合规工作小组委派该领域内更资深的律师。

（二）开展合规尽职调查工作

1. 开展合规尽职调查工作的必要性

合规业务团队需要先了解企业基本情况、项目具体定位及成果要求，并以此为基础构建合规管理体系，因此需要对国有企业开展合规尽职调查工作。

达成合规体系建设合意后，双方应召集会议进行座谈和交流，合规业务团队应围绕合规建设的背景、目的、过程和意义，通过对合规相关的法律法规、典型案例、合规流程以及效果等进行展示，向国有企业负责人、各业务部门负责人等详细阐明企业合规理念的重要性以及合规尽职调查的必要性，以促使国有企业人员树立科学的合规理念，更好地配合合规尽职调查工作。

2. 开展合规尽职调查前的准备工作

在双方就合规尽职调查达成一致后，合规业务团队应根据国有企业的实际情况，结合双方座谈或交流的内容制定详细的企业合规尽职调查清单并发放到国有企业的每个部门，以明确调查的方向、范围、目的、方式，并列明国有企业及其各部门需要提供的资料或信息。清单应包括但不限于以下内容：战略管理、劳动人事、财税管理、资产管理、运营管理、采购管理、销售管理等。

同时，合规业务团队还应在此阶段确认访谈对象，提前准备好相应的访谈提纲。提纲应包括但不限于以下内容：访谈对象的职务、岗位职责、岗位权限，以及部门现行制度、制度执行情况。

3. 实施合规尽职调查工作

合规业务团队可通过内、外部调查相结合的方式，对国有企业开展合规尽职调查工作，对公司组织架构以及合规管理的现有职责进行分析、诊断，明确与风控相关的体系之间的分工与衔接，梳理已有的法务、合规、内控及风控相关制度。

（1）外部调查

一方面，合规业务团队可通过国家企业信用信息公示系统、中国裁判文书网、中国执行信息公开网、政务服务网、招投标网、企查查、天眼查等公开的信息检索途径对国有企业进行初步调查，了解国有企业的股权结构、对外投资关系、诉讼与执行、行政处罚、工商登记及变更记录等基本信息和情况。

另一方面，合规业务团队还可通过实地走访、座谈等形式，对国有企业与上下游企业的关系、行业主管部门对国有企业的相关意见、媒体舆论对国有企业的报道或评价、国有企业所在行业的相关政策等进行必要了解。

（2）内部调查

资料查阅：合规业务团队应按照尽职调查清单对国有企业提供的企业基础资料进行分类整理，并在详细查阅后记录缺失或不合法、不合规的情况。

人员访谈：合规业务团队查阅国有企业提供的基础资料后，应根据梳理出的问题提前拟定访谈提纲，并对企业各部门负责人、业务主管人员或直接责任人员进行访谈。在访谈过程中，合规业务团队应注意访谈对象阐述的内容是否有相应的事实依据支撑。

内部调查问卷：针对无法直接通过资料查阅、人员访谈获取的信息，合规业务团队可通过开放性的匿名调查问卷形式，收集直接来自国有企业内部人员的信息。

实地考察：合规业务团队可以在前述三种尽职调查方式已实施的情况下，针对缺失或存疑的信息，不定期对国有企业的生产经营情况进行实地考察，以核实前述尽职调查方式所获取的企业信息的完整性、真实性和可靠性。

在上述合规尽职调查工作的开展过程中，合规业务团队应注意形成详细、有效的书面记录。同时，合规尽职调查是一个动态的过程，合规业务团队可根据调查的进展、效果随时调整调查方式，以获取全面、真实、综合、可靠的企业信息。

（三）识别及评估合规风险

国有企业合规风险的识别和评估是其合规体系建设的基石，也是评价其合规体系是否合适或有效的影响因素。因此，在完成合规尽职调查工作后，合规业务团队应出具全面、综合的合规风险识别与评估报告，以辅助后续的合规管理体系建设工作。

1. 出具合规尽职调查工作报告

合规业务团队完成全部合规尽职调查工作后，应召开内部讨论会，由各工作小组负责人或成员对调查过程中收集和梳理的情况、有关问题进行介绍。介绍过程中，各小组可以互相对彼此的调查情况从全面性、客观性和准确性方面进行交叉评价，并对风险点及其可能产生的法律后果展开讨论，在此基础上形成最终的合规尽职调查报告。

合规尽职调查报告应由各工作小组成员分别撰写各自负责调查的部分，并保留好工作底稿。实践中，合规尽职调查报告的内容包括但不限于：背景及声明、调查方法、调阅的资料、企业背景调查情况、企业制度现状分析、风险识别、风险评估、风险应对建议。在风险识别、风险评估、风险应对建议部分，也可体现国有企业经营管理活动所涉及的行业监管动态、新政策的颁布与实施的情况，以及国有企业风险发生的可能性、影响程度、危害性、潜在后果等系统分析，例如，综合考量定性分析（如是否构成刑事案件）、定量分析（风险单次金额、占比，是否构成重大损失或严重不良后果）、发生频次（偶发或常发）等，对典型性、普遍性或者可能产生严重后果的风险及时预警。

2. 反馈合规尽职调查工作报告

合规业务团队出具合规尽职调查报告后，应与国有企业再次召开会议，双方共同对报告内容进行讨论、反馈，并针对报告内容和国有企业的实际情况，制定企业合规管理体系的框架。

在会议过程中，律师应将会议全过程及双方讨论结果（尤其是国有企业一方的决定）形成书面记录并由双方签章确认，以作为构建合规管理体系的参考和依据。

五、律师构建国有企业合规管理体系的工作要点及风险防范

在为国有企业构建合规管理体系时，律师应按照相关法律法规和规范性文件的规定，结合合规尽职调查过程中收集和形成的有效信息及结论开展合规管理体系的构建工作，为其制定“个性化”的合规管理服务方案，并使之落地为具体的服务成果，建立起与之业务相契合的管理结构、流程、制度，进而为国有企业塑造出合适的合规管理文化。

（一）律师构建国有企业合规管理体系的实务要点

1. 建立合规管理组织体系

一方面，国有企业总部可设立三层合规管理组织机构，包括：

（1）治理层方面，赋予审计委员会合规管理专项职能，负责定期审议公司合规管理、合规工作报告并进行监督、核查等；

（2）管理层方面，设立企业合规管理领导小组或体系建设领导小组，负责定期听取合规管理汇报，研究部署重大事项、统筹协调推进事宜，评价合规管理实施成效；

（3）执行层方面，设立企业合规管理办公室或体系建设工作小组，负责开展合规管理日常事务及履行协调功能，完成领导交办事项。

另一方面，国有企业总部可设立专责部室，如将法律事务部重组为法律与合规部门，赋予原法律事务部以下新职责：构建公司合规管理体系，指导投资企业开展合规管理体系建设工作，统筹集团合规工作，对公司重点领域进行合规管理及其他合规事务。

2. 制定《集团合规管理办法》

为国有企业制定《集团合规管理办法》，可谓是律师提供国有企业合规管理体系建设法律服务的重中之重。我律师团队为广州市某大型市属国有企业提供合规管理体系建设法律服务，主要从以下方面为企业制定《集团合规管理办法》：

（1）制度建立背景、目的、依据、效力；

（2）合规管理的定义、基本方针、原则及目标；

（3）合规管理的组织架构、权责分配；

（4）合规管理工作开展的具体要求；

（5）合规管理运行机制；

（6）合规管理联动机制（跨部门、企业）；

（7）合规管理考核机制；

（8）其他合规管理机制。

《集团合规管理办法》并非制定后便一成不变，而应随着法律、法规、规范性文件和政策要求的变化而不断地更新迭代，做到与时俱进。

3. 明确各层级、各领域合规管理职责

第一，合规管理规定要进章程。国有企业具有独立的法律人格，公司章程作为国有企业的“宪法”或“纲领”，为公司的设立和运营提供了组织规范和行为规范。公司章程对公司、股东、董事、高级管理人员等均具有约束力。因此，国有企业（集团公司及/或下属各层级子公司）设计合规管理组织机构及职责、划定合规管理重点、推动合规管理运行、明确合规管理保障之时，应当充分利用公司章程这一公司治理的“宪法性”文件，将合规管理规定写进章程，包括在章程中明确董事会的合规管理职责，在董事会增设企业合规委员会并明确其职能。

第二，合规管理工作要融入部室。律师可为国有企业修订《集团部室职责细则》，增加各部室具体合规工作内容及合规管理职责。在合规与业务之间的关系方面，要强调业务部门是合规的主体，合规部门进行统筹管理；在合规与法务、风控之间的关系方面，三方要协同运转共同促成合规管理工作的发展。

第三，合规管理工作要贯彻到投资企业。首先，应明确投资企业"一把手"的主体责任；其次，应督促投资企业配合相关合规统筹指导及专项检查，并尽快建立企业合规管理体系；最后，应结合国资委关于总法律顾问制度的要求视国有企业自身情况深化推进投资企业的合规管理工作。

4. 制作《合规指引手册》

一方面，律师应以国有企业年度风险评估报告为基础，结合外部规范、政策导向、监管热点、市场状况、行业规律、自身业务、过往经验等多方面因素综合考虑，以确定年度合规管理的重点领域。同时，按紧急或重要程度分级梳理，统筹评定管理工作计划。

另一方面，律师可根据管理计划安排，编制集团重点领域合规手册。梳理领域相关法律法规、揭示业务环节操作风险、检讨流程瑕疵改善管理、示例模范操作再造流程，更为清晰、直观地指导业务合规的高效开展。

5. 开展重点领域合规工作

根据国有企业合规的相关规定，律师可结合国有企业的实际情况，探索对行业特点较为明显、合规工作开展条件较好的投资企业开展相关领域试点，成果验收通过后再进行水平推广。

同时，律师可协助国有企业梳理重点领域中各个环节适用的法律法规、标准及其他合规要求，并形成国有企业的合规义务库，编制《重要合规义务清单》《风险清单》《合规检查清单》等文件。

6. 开展外规内化工作

(1) 识别并建立外部规范数据库

律师可协助国有企业开展外部政策、法规的识别、分类梳理工作，建立外部规范数据库，也可协助国有企业强化宣贯和运用，建立沟通反馈机制，加强合规管理对业务开展的“赋能”。

（2）开展制度合规性检查

律师可协助国有企业集团总部开展一次制度合规性检查，根据现有的外部规范，对公司规章制度进行全面修订和完善，确保各项监管要求已内化到公司制度中。后续也可要求国有企业的投资企业根据实际情况开展类似制度合规性检查，集团各职能部门按职能垂直检查验收。

7. 开展投资企业合规检查

律师可协助国有企业建立“企业自查—条线联动—专项检查”的立体管控模式。第一，要加强总部对投资企业合规工作的督导，指导企业开展自查，发现问题、加强整改；第二，要汇总集团总部各条线对投资企业业务检查中与合规工作相关的内容，加强沟通、提升成效；第三，定期开展对投资企业的专项合规检查，聚集重点领域合规问题，与审计、风控等部门加强联动、形成合力。以解决实际问题为导向，力求“发现一个问题、完善几个制度、防范若干风险”。

8. 推动企业合规文化建设

为了更好地构建国有企业合规文化，律师可建议国有企业从营造内部氛围和塑造外部品牌两方面开展工作。在营造内部氛围方面，律师可建议国有企业设立合规启动签约仪式、“人人参与”系列合规文化活动等；在塑造外部品牌方面，律师可对国有企业提出“合规集团”品牌建设、“合规集团”系列宣传报告等建议。

9. 开展合规管理培训

国有企业的合规管理培训可从基础、业务、专题三个方面展开。基础培训方面，主要针对高管、中层、员工开展合规管理体系的基础宣传、培训工作；业务培训方面，主要针对合规管理专职、兼职人员开展合规管理培训；专题培训方面，主要针对重点领域相关人员（含投资企业）开展专项培训。

10. 推动合规数字化建设工作

国有企业的合规数字化建设工作可从数据库建设、数字化流程建设、数字化系统平台建设等方面开展。数据库建设方面，可建立分门别类、动态更新的外规数据库；数字化流程建设方面，可建设智能分析系统，跟进制度检查、完善等全流程管理；数字化系统平台建设方面，要建设国有企业集团合规管理系统平台，实现日常管理、重点领域全面数字化。

（二）律师参与国有企业合规管理体系建设的风险防范

国有企业合规管理体系建设是一个内容繁复庞杂的非诉法律服务项目，律师在提供该法律服务过程中也面临一定的执业风险。为此，本文拟作以下风险提示。

1. 专业认知风险

国有企业合规管理体系建设涉及的法律法规、规范性文件、政策性文件不仅繁多且更新速度快，使该体系建设过程充满了复杂性和不确定性，也对律师的专业能力提出了比普通的法律顾问服务工作更高的要求。因此，在构建合规业务团队时，应尽量吸纳在国有企业合规管理体系建设方面有专业优势的律师，集思广益，从而降低专业知识认知能力不足的风险。

2. 企业配合度风险

在为国有企业正式搭建合规管理体系前，对国有企业进行尽职调查是必要工作。现阶段，我国国有企业合规管理体系建设仍处于起步甚至探索阶段，部分国有企业未必能充分认识到合规管理体系建设的必要性和意义，这将导致其在合规业务团队开展尽职调查工作过程中的不配合。因此，律师在开展尽职调查工作前，应向国有企业充分告知尽职调查工作的重要性及意义，并向国有企业明确强调不予配合或不予积极配合可能产生的后果或风险，将责任分离。同时，在无法确认国有企业是否已全面配合调查工作时，律师还应考虑启用其他更多的调查方式，以进行全面、综合的调查。

3. 独立性风险

律师在对国有企业进行合规尽职调查，对国有企业存在的合规风险进行识别、评估的过程中，可能受到国有企业内部人员的影响；律师出具国有企业合规尽职调查报告并向国有企业相关负责人员进行反馈时，也可能受到相关负责人员的影响。这些影响可能是源自国有企业对企业合规的认识有限，也可能源自其他关乎国有企业个别人员自身利益的原因。但无论是何种原因，只要影响到律师在合规尽职调查报告中的判断和意见，都应坚决摒弃，否则失去独立性将导致较前两种风险更为严重的后果，并将影响律师后续执业。

六、结语

企业合规管理是国有企业发展管理的重要组成部分，国有企业的发展需要与企业合规管理措施相结合。我国对国有企业的合规管理体系建设十分重视，并已陆续发文提出具体要求，但仍有部分国有企业未能严格遵守我国相关法律法规、规章制度及商业行为准则，从而可能面临严格的刑事制裁、行政监管及处罚等。律师作为企业合规管理体系建设过程中不可或缺的角色，在参与构建国有企业合规管理体系过程中，既需要遵循专业、独立的工作原则，运用自身的法律专业知识及企业法律服务经验，深入研究合规体系相关的规定，洞察国有企业的合规需求，帮助国有企业建立有效的合规管理体系，降低合规风险，也需要协助国有企业塑造品牌识别度、品牌影响力、优秀国有企业形象。当国有企业在合规管理体系建设中获益，也将更加重视律师对国有企业合规管理体系的参与，进一步助推国有企业合规管理体系建设法律服务市场的繁荣，有利于双方实现共赢。

法律顾问视角下的合同法律风险管控

汪 超[①]

摘要：在市场经济时代，企业面临诸多风险。企业作为商事主体必然开展一定的商事活动，这就存在决策风险；企业为保障企业运营状况良好，既要求效率，又需要监督，这就会发生运营风险；企业一旦发生各类风险，必须予以适当救济，这就必然会产生救济风险。而法律顾问服务是企业保持高效高质、持续发展的坚实屏障，能够减少企业在运营过程中的不必要损失。法律顾问能更好地协助企业依法决策、依法运营和依法维权，其目的是实现企业法律风险的事前防控、事中控制和事后救济。在商事活动中，交易主体往往将双方合意以合同形式表现出来。而一份标准、完备的合同，一定能够减少企业不必要的合同纠纷。故而，合同的法律风险管控是法律顾问提供的企业合规服务中最为基础以及普遍的重要项目。合同法律风险管空的审查贯穿着整个企业法律服务的全过程。一般而言，合同法律风险管控分为四个阶段，即合同的前期准备、合同的磋商与订立、合同的履行以及合同的管理。每个阶段分别存在不同的法律风险，而法律顾问的存在，能够在最大范围内起到提示与规避作用，通过合规化手段，降低企业可能存在的经营风险以及法律风险。

关键词：企业合规 法律顾问 合同法律风险管控

---

① 汪超：广东广信君达（花都）律师事务所主任。

合同审查是律师提供法律顾问服务过程中较为普遍又尤为重要的环节，在商事活动中，合作双方主要通过合同展开商业经营活动。按照《民法典》合同编的规定，合同是民事主体之间设立、变更、终止民事法律关系的协议。而合同法律风险管控，通常是指从事法律专业（职业）工作的个人或者组织，对自身或者所在组织以及他人拟定的合同文本进行审核，防止顾问单位存在内在经营风险以及法律风险的行为。笔者将通过以下方面简单论述在企业合规经营中，如何能够通过法律顾问的合规审查，将企业的合同风险降至最低。

一、合同的前期准备

防范法律风险是合同审查的首要目的，而合同的前期准备系合同审查的先决条件。一份粗糙的合同，不但会影响企业的经营，更有甚者，会给顾问单位带来诉累，损害其利益。制定一份标准、完备、合规的合同，不仅可以最大限度地保障顾问单位的利益免受损害，还有可能因为合同的严谨以及合规性，获得顾问单位客户的信任，从而促进交易的进行。合同的前期准备主要包括以下几个方面。

（一）了解合同背景

作为法律顾问，在合同审查中，律师要始终以委托人的利益为中心。此时，了解合同背景能够帮助律师更好地进行合同法律风险管控。在《民法典》合同编中，合同订立的原则系合同自由、诚实信用、平等交易等，但在实践过程中，合同订立双方商业地位有所差异，从而导致双方在订立合同的过程中，出现一方义务颇重，另一方义务较轻的情况。前述情况常见于银行与借贷人签订的借贷合同、保险公司与投保人之间签订的保险合同以及房地产公司与购房人签订的商品房买卖合同等。因此，对交易背景的了解尤为重要，一般法律顾问应从合同双方的市场地位、双方的关系、双方既往合作情况、合同签订前是否达成合作意向或签订相关法律文件、是否经招标投标程序等情况进行综合分析。

针对合同内容的背景了解，首先，律师需明确交易对象，通过公开公示途径查实对方主体为自然人、法人或其他组织的信息，确保签约主体真实性的首要审核目的；其次，在有条件的情况下，可以获取对方的签名以及印章，该项准备可以帮助律师在签订合同中鉴别对方印章的有效性，从而防止合同无效的情形出现；最后，在缔约合同前，律师应当尽可能多渠道地了解对方的经营情况以及征信信息。针对法律规定的个别合同，要了解对方是否具备相关资质。如建设工程合同、消防施工合同以及相关知识产权授权合同等。前述准备有利于律师在提供法律服务时，准确定位各方的关系，可以在起草合同或者审核合同时，综合考虑法律定性以及各方的定位，对各方的权利义务作出更好的约束，使得合同内容更具可操作性。

（二）了解顾问单位订立合同的真正目的

律师担任企业法律顾问，为客户起草或审查合同时，需要先了解客户真实的交易目的。律师收到需要审核的合同后，首先，要通篇预审一遍合同，再与顾问单位负责人进行订立合同目的的沟通，最后才落笔修改或审核合同。

为此，良好的沟通机制是律师作为法律顾问与顾问单位建立信任关系的桥梁。律师在提供法律服务的过程中，理想状态是能够与顾问单位对处理事项进行持续沟通，从而了解顾问单位的实际情况，在法律方面为顾问单位提供更加专业的服务。顾问单位的交易一般是围绕其自身的交易目的进行的，而律师可以通过与顾问单位的沟通，了解订立合同背后的目的。如仅以律师对合同文本的文义认知对顾问单位的交易目的进行揣测，很有可能达不到顾问单位对交易所要的效果。根据《民法典》第146条第1款的规定，行为人与相对人以虚假意思表示实施的民事法律行为无效。这就要求律师在沟通时清楚了解到顾问单位的真实意思，从而避免出现律师对合同的理解与顾问单位订立合同目的不一致的情形出现，还能够防止合同无效情形的发生。

二、合同的磋商与订立

合同的签订过程实质上是合同当事人之间相互磋商的过程，而合同的订立则是磋商结果的最终体现。但大部分磋商过程中，双方当事人仅关心商事活动中的价款、交易方式等条款，而对合同中涉及法律风险的部分却不够关注。故而，律师可以在商事磋商中就涉及法律风险的部分对顾问单位给予提示，必要时，可以参与到顾问单位的磋商谈判中，从而促进合同的订立，维护顾问单位的合法权益。

（一）合同的磋商

律师在做好前期准备工作后，就前述准备部分进行法律分析并汇报，在必要时可协助顾问单位参与到双方当事人的谈判磋商中，提供专业性建议。在磋商过程中，应当提示顾问单位保留书面的磋商材料，如信件、邮件、传真文件等；如使用电话等通信设备进行磋商，可以对双方权利义务等重要事项进行录音。在选择参与顾问单位与对方当事人磋商时，律师应当提前了解磋商人员信息，清晰把握顾问单位订立合同目的并准备法律风险防范方案。由于合同的磋商属于商事活动，一般不以律师作为主谈方，但律师在磋商过程中，需要对双方涉及的法律问题进行汇总，并对其进行分析后向顾问单位作总结性汇报。如磋商的过程仅仅是针对法律方面进行谈判，律师可以成为主谈方，但在协商之前，应当与顾问单位事先预定项目的谈判方案。

（二）合同的订立

合同的订立，系双方当事人磋商后对商事关系形成合意的体现，双方的权利义务将以书面的方式予以呈现，此环节系合同法律风险管控最为重要的一环。

首先，合同合法性是律师起草或审核合同的前置要件。根据《民法典》第 153 条第 1 款的规定，违反法律、行政法规的强制性规定的民事法律行为无效。但是，该强制性规定不导致该民事法律行为无效的除外。第 155 条规定，无效的或者被撤销的民事法律行为自始没有法律约束力。因此，律师不管在起草合同还是审查合同时，都应当着重审核合同文本是否存在无效的情形。律师在进行合同起草或审查时，应当注意合同文本是否违反法律规定，如合同违反法律规定但并未违反法律的强制性规定，合同并不当然无效。因此，律师应当注意甄别合同效力；若合同存在无效之情形，应当及时与顾问单位沟通并作出事前防范之准备。

其次，梳理合同涉及的主要法律问题。除《民法典》以外，不同类型、性质、内容的合同可能受到大量其他法律规范的调整。律师应根据顾问单位起草或审核合同的具体要求，广泛收集相应的法律、行政法规、部门规章、司法解释、地方性法规、地方政府规章，甚至还需要了解行政政策、指导意见等各类可能对合同签订和履行造成影响的规范性文件。

再次，签订合同时应再次确认签约主体与磋商时的当事人是否一致，并需将对方当事人的基本信息准确、规范地体现在合同文本之中，必要时，应当让对方当事人提供营业执照复印件作为合同附件予以备份。如对方当事人系代理人，还应当对其代理身份予以核对，核实其是否具备签约能力。在涉及特殊的合同签约时，还应当核实其他必要性文件。例如，《最高人民法院关于适用〈中华人民共和国民法典〉有关担保制度的解释》第 7 条规定，公司的法定代表人违反公司法关于公司对外担保决议程序的规定，超越权限代表公司与相对人订立担保合同，相对人善意的，担保合同对公司发生效力；相对人请求公司承担担保责任的，人民法院应予支持。相对人非善意的，担保合同对公司不发生效力。而善意与否，取决于债权人能否证明其在订立担保合同时对董事会决议或者股东（大）会决议进行了审查。即在审查对方公司的法定代表人以公司名义订立担保合同时，律师应当提示顾问单位对对方公司的董事会决议或者股东（大）会决议进行审查，并将相关文件作为签订合同的附件。

最后，律师在起草或审核合同时，应当对合同内容是否完备进行审查，即合同是否包含《民法典》第470条规定的内容，即当事人的姓名或者名称和住所、标的、数量、质量、价款或者报酬、履行期限、地点和方式、违约责任以及解决争议的方法。如双方当事人彼此掌握对方秘密，合同中还应当约定保密条款或者另行签订保密协议。如合同未设定期限，最好能够对合同的变更以及解除条件进行约定。否则，遇到争议纠纷时将出现合同僵局。例如，在合伙合同纠纷中，一方当事人作为投资方，不参与经营，另一方当事人作为实际经营者。合伙事务大部分掌控在实际经营者手中，当实际经营者损害投资方利益的情形发生时，投资的一方，既不能掌握合伙事务，也没有有效手段制衡实际经营者，遂出现合同僵局，损害投资方利益。倘若顾问单位处于投资方地位，法律顾问可以在合伙期间通过一系列的补充协议或合伙决议的签订，补强顾问单位在发生争议时处理事件的方法。

此外，针对合同的起草或审核，值得推敲以下几点。

（1）各种合同范本对于合同审查具有一定的参考价值，特别是某些由政府部门、行业协会、专业机构制作的标准合同、示范文本，更因内容完备、体例严谨、表述准确而具有一定的借鉴意义。例如，由住房和城乡建设部制定的建设工程施工合同范本等。但在借用合同范本时，不能按部就班，照本宣科，而是应当结合各方当事人的实际情况以及权利义务进行调整，从而使合同更有利于顾问单位合同目的的实现。

（2）在合同审查中，律师应当尽量避免文字上的歧义。如出具的《欠条》，借款人在借据上签署，还欠×××元，单纯从文义解释理解该段文字时，很容易出现理解分歧。故此，律师在合同的起草或者审核中应当注意字词的使用，避免歧义的产生。

（3）在起草或者审核完毕合同后，律师可以向顾问单位出具合同（起草）审查意见书。合同（起草）审查意见书的作用意为向顾问单位充分揭示法律风险、提出修改建议。必要时，可以出具补充审查的意见。上述意见文本的提出，更能体现律师服务工作的规范性以及专业性。由于工作记录是律师规避自身风险的有效保障手段，故而审查意见还能在最大限度上减少律师的执业风险。

三、合同的履行

在提供法律顾问服务过程中，不少人认为，律师对合同进行了起草或审查，便完成了该项法律事项。但实践中，合同签订仅仅是商事活动中诸多事项中的一项，合同能否实际履行，能否取得预期效果，才是顾问单位迫切关注的重点。

合同仅仅是将双方当事人前期协商事项的固定，但在合同实际履行过程中，存在较多不可预测或被忽略的因素。企业法律顾问应持续关注重大合同的履行过程，主动向顾问单位提示并了解合同履行情况，为其提供法律解决方案。例如，建设施工合同签订后，需要时刻关注工程施工进度、材料采购履行情况以及现场签证等影响施工进程的事项，紧密与监理公司沟通，督促其对每一事项的跟进，在工作例会中体现并登记在册。因为工程施工中每一事项的变动都将影响施工期限、工程量，从而决定是否需要额外支付工程款或导致违约事项的发生。若顾问律师代表的是施工单位，则可以提醒顾问单位保留现场签证等书面材料，包括但不限于文书或电子文档等材料，则可避免未来发生纠纷时，因为签证材料的缺失而遭受不必要的损失。

在合同履行过程中，可能会出现不可预测或不能预见的情形，各方当事人需签订合同的补充条款，对原合同未尽事宜进行补救或变更。一直跟进的顾问律师，更能全面了解事情发生的缘由，敏锐地抓住焦点事项，从而更为高效地为顾问单位拟定相应的合同文本。此外，若顾问律师参与合同履行，也能起到提示与督促顾问单位及合同相对方履约的作用。例如，在合同相对方怠于履行合同义务时，顾问律师便可以采取发函或发送律师函等形式督促相对方履行合同义务，保全维权证据，从而降低顾问单位的法律风险与诉讼风险。

四、合同的管理

一份合同从各方初步洽谈交流到合同履行完毕，整个过程都需统一的管理。律师在合同管理的过程中，仅能就自身经手的合同进行收集。但企业在经营过程中，可能有大量的往来合同或文本。而做好企业合同的管理，是企业重要的经营战略。

律师在初次成为顾问单位的法律顾问时，应当提示顾问单位及时做好合同的收集以及管理工作，避免公司因内部管理或人员流动等问题导致合同文本丢失。当顾问单位涉诉时，若无法提供合同原件，就要承担举证不能的不利法律后果。故此，一套完整的合同管理体系，应当从合同订立到执行完毕全过程对形成的所有文件资料收集整理成册，形成卷宗，进行规范化管理。更为重要的是，应重视合同等材料的原件保存以及对合同档案台账的登记工作。

五、结语

提升企业价值是企业法律顾问服务的核心，企业的风险管理能力对企业价值而言最为重要，只有具备较强风险管理能力的企业才能保持长期、稳定和持续的发展，这样的企业才具备成长能力。法律风险管理是企业风险管理的重要组成部分，企业法律顾问服务又是提高企业法律风险管理能力最重要的途径。因此，企业法律顾问服务对于提高企业价值具有极为重要的意义和作用。而企业法律顾问在为企业进行合同法律风险管控时，更为专业、规范地规避法律风险，能够更高效地保障企业的良性运营，从而避免顾问单位在生产经营、合同履行过程中遭受不必要的损失。

浅析数字藏品平台企业法律风险

——以企业合规管控为视角

蒋 霆 马晓滨 刘士杰 罗裕聪[①]

摘要： 近年来，国内数字藏品行业迎来爆发式增长，但随着监管的日益趋严，部分数字藏品平台因为合规意识和管控措施的缺失，出现面临被关停、清退的危机。除了一般的企业合规风险之外，数字藏品特有的技术原理及特征决定了平台企业在版权、资质、数据、商业模式方面必然面临着相应的合规风险。数字藏品平台企业应对此引起重视，采取行之有效的管控措施。

关键词： 数字藏品 合规 版权 资质 数据 商业模式

近年来，NFT（Non Fungible Token，即非同质化代币，也被称为“数字藏品”“数藏”）浪潮席卷全球，在我国，数字藏品行业也迎来了爆发式增长期，数字藏品受到国内市场的热烈追捧，阿里、腾讯、百度、京东、哔哩哔哩、阅文集团等纷纷推出了自己的数字藏品平台，2022 年，国内数字藏品平台在高峰时期数量超过 1000 家。

法律更新往往滞后于经济发展，数字藏品作为新生事物，在其诞生初期，相关法律和监管规则存在真空地带，数字藏品行业经历了一轮粗放发

① 蒋霆、马晓滨、刘士杰、罗裕聪：广东合邦律师事务所律师。

展。但近年来，随着社会对数字藏品的认知日益加深，平台用户投诉量的急速攀升，人们开始正视数字藏品平台背后隐藏的巨大风险点。故此，本文拟对数字藏品平台的发展概况、所面临的法律风险及其成因进行浅析，并就如何使数字藏品平台合规运营提出一些初步建议。

一、数字藏品平台概况

数字藏品，目前较为通行的定义为“是使用区块链技术，对应特定作品、艺术品生成的唯一数字凭证，在保护其数字版权的基础上，实现真实可信的数字化发行、购买、收藏和使用”。[①]

从技术上而言，数字藏品是将链下作品（物理作品首先要生成电子化作品）映射到联盟链上，从而生成链上唯一的代表所有权或使用权的数字凭证（哈希值），使得电子化作品实现真实可信的确权、发行、收藏、使用和流转。

在我国，基于区块链的合规数字藏品，通常具有如下特征：

（1）使用国内联盟链，国内联盟链在工信部备案且所有节点架设在国内；

（2）使用法定货币购买，支付过程受央行监管；

（3）实名交易，数字藏品绑定用户手机号；

（4）限制二次流转，降低转赠频率或禁止转赠。

与数字藏品的技术原理及特征相对应，数字藏品平台在运营过程中面临着各种各样的风险：

（1）数字藏品通常是链下作品的映射，故数字藏品平台面临着侵害他

---

① 王春、吕佳慧：《花 10 万买的数字藏品成了“废品”专家：出台相关法规推行“监管沙盒”》，载江苏检察网，https：//www. jsjc. gov. cn/yaowen/202404/t20240409_ 1613679. shtml，最后访问时间：2024 年 8 月 22 日。

人现实作品著作权及著作权邻接权的风险；

（2）基于数字藏品平台的行业特性，其在开展业务之前，除须满足《民法典》《公司法》等一般规定之外，还需具备行业特殊资质，否则将因缺乏资质而被勒令关停；

（3）数字藏品平台往往要求实名交易，在交易中需要处理大量的个人信息，故面临着网络安全与违规处理数据的风险；

（4）在数字藏品的铸造、发行、流转等环节，目前市场上各种“玩法”层出不穷，这些“玩法”在商业模式上不得触碰刑法的底线，否则难免陷入牢狱之灾。

二、数字藏品平台存在的风险及其成因分析

（一）数字藏品平台的版权合规风险

《民法典》第 1195 条第 1 款、第 2 款规定：“网络用户利用网络服务实施侵权行为的，权利人有权通知网络服务提供者采取删除、屏蔽、断开链接等必要措施。网络服务提供者接到通知后，应当及时将该通知转送相关网络用户，并根据构成侵权的初步证据和服务类型采取必要措施；未及时采取必要措施的，对损害的扩大部分与该网络用户承担连带责任。”

对一般的网络服务提供者而言，面对用户的侵权行为，其只要遵循“通知—删除”规则，即可免于承担责任。然而，“NFT 第一案”判决则明确了数字藏品平台应承担更高的审查义务。①

在该案中，原告诉称，“我不是胖虎”（以下简称“胖虎”）动漫形象近年来成为广受用户欢迎的爆款 IP。原告经授权，享有“胖虎”系列作品在全球范围内独占的著作权财产性权利及维权权利。

① 参见：（2022）浙 01 民终 5272 号。本案为杭州法院 2022 知识产权司法保护十大案例之一。

原告发现，被告经营的“元宇宙”平台上，有用户铸造并发布“胖虎打疫苗”NFT，售价 899 元。该 NFT 数字作品与“胖虎”作者在微博发布的插图作品完全一致，甚至在右下角依然带有作者微博水印。NFT 数字作品一旦被铸造上链，便难以像传统互联网信息一样易于处理。被告作为专业 NFT 平台，理应尽到更高的知识产权保护义务，对于在其平台发布的 NFT 数字作品权属情况应进行初步审核。被告不但未履行审核义务，还收取一定比例的交易费用。原告认为，被告行为构成信息网络传播权的帮助侵权，故诉至杭州市互联网法院，要求被告停止侵权并赔偿损失 10 万元。

被告辩称：（1）其系第三方平台，涉案作品系平台用户自行上传，无须承担责任；（2）其只有事后审查义务，已经将涉案作品打入地址黑洞，尽到“通知—删除”义务，所以也没有停止侵权的必要性；（3）其并没有披露涉案作品对应 NFT 所在的具体区块链、节点位置以及涉案作品 NFT 所适用的智能合约内容的义务，法律对此没有明文规定。

法院经审理认为，被告某科技公司经营的“元宇宙”平台作为 NFT 数字作品交易服务平台，未尽到审查注意义务，存在主观过错，其行为已构成帮助侵害原告的信息网络传播权，遂判决被告立即删除涉案平台上发布的“胖虎打疫苗”NFT 作品，同时赔偿原告经济损失及合理费用合计 4000 元。[①]

数字藏品平台通常的交易模式为：用户在平台中铸造数字藏品，数字藏品平台向用户收取作品矿工费（Gas 费）[②]，而且在每次作品交易成功后收取一定比例的佣金及矿工费，整个交易模式采用的是区块链和智能合约技术，能够解决交易主体之间的信任缺乏和安全顾虑，数字藏品交易可能涉及对作品的复制、发行和信息网络传播。

---

① 杭州互联网法院：《用户发布侵权 NFT 作品，“元宇宙”平台要担责吗？法院判了》，载微信公众号“杭州互联网法院”，2022 年 4 月 20 日。

② 指区块链用户在执行交易或智能合约交互时，需要向网络验证者支付的费用。

基于数字藏品交易的特殊性，平台不仅需要履行一般网络服务提供者的责任，还应当建立一套知识产权审查机制，对平台上交易的 NFT 作品的著作权方面作初步审查，否则应承担相应的法律责任。[①] 然而，实践中很多数字藏品平台在享受超出一般网络服务提供者的收益时，并未善尽对作品在著作权、邻接权等知识产权方面的合规审查义务，由此引发版权风险。

(二) 数字藏品平台的资质合规风险

数字藏品平台使用区块链技术进行数字藏品的发行和交易，业务类型决定了其应当取得相应的资质及备案方可从事经营活动，否则就属于违法经营，将面临相关部门的严惩。

在一起网络科技公司涉嫌网络非法集资的信访投诉中，湘阴县市场监督管理局综合行政执法大队等部门经过对被投诉公司实地调查了解情况发现，该网络科技公司在未取得《网络文化经营许可证》的情形下，擅自通过网络发售名为“某创世金勋章”网络数字藏品的互联网文化产品。

通过现场检查核实，该公司推广销售“某创世金勋章”网络数字藏品的平台网页由于技术原因曾短期中断服务，现可以正常点击浏览，该公司已于 2022 年 7 月 26 日在平台网页发布公告，对已销售数字藏品按销售原价退款给消费者。湘阴县市场监督管理局综合行政执法大队工作人员现场责令公司法人立即兑现退款承诺，限期向消费者退还所有违法销售所得。[②]

类似案例比比皆是，资质合规关乎数字藏品平台存续的根本，数字藏品平台理应对资质合规予以重视，对一般的数字藏品平台而言，网络文化经营许可证、增值电信业务许可证以及区块链信息服务备案尤为重要。

1. 网络文化经营许可证。根据《互联网文化管理暂行规定》第 2 条至

---

① 杭州互联网法院：《用户发布侵权 NFT 作品，“元宇宙”平台要担责吗？法院判了》，载微信公众号“杭州互联网法院”，2022 年 4 月 20 日。

② 岳阳市政府金融办：《湘阴处非办认真处理信访投诉件》，载岳阳市政府金融办网站，https://www.yueyang.gov.cn/jrb/7711/content_1984878.html，最后访问时间：2024 年 9 月 5 日。

第4条、第8条至第9条的规定，数字藏品平台发售的产品包括网络音乐、网络艺术品和网络动漫等，也包括实物铸造的数字藏品，这些都属于“互联网文化产品”，其从事互联网文化产品复制、发行等活动，并收取费用，属于“经营性互联网文化活动”，数字藏品平台作为从事互联网文化活动的互联网信息服务提供者，属于互联网文化单位，开展相关经营活动前应当向省、自治区、直辖市人民政府文化行政部门申请网络文化经营许可证。未经批准，擅自从事经营性互联网文化活动的，由县级以上人民政府文化行政部门或者文化市场综合执法机构责令停止经营性互联网文化活动，予以警告，并处30000元以下罚款；拒不停止经营活动的，依法列入文化市场黑名单，予以信用惩戒。

2. 增值电信业务许可证。根据《互联网文化管理暂行规定》第11条以及《互联网信息服务管理办法》第7条的规定，申请从事经营性互联网文化活动经批准后，应当持网络文化经营许可证，到所在地电信管理机构或者国务院信息产业主管部门申请办理互联网信息服务增值电信业务经营许可证。其中，《电信业务分类目录》列示的B25类“信息服务业务”，即网络内容服务商（Internet Content Provider，简称ICP）业务许可，是必须取得的。此外，如存在通过互联网进行数据交换、交易处理等业务，还需取得B21类“在线数据处理与交易处理业务”，即电子数据交换（Electronic Data Interchange，简称EDI）业务的许可。

3. 区块链信息服务备案。根据《区块链信息服务管理规定》第11条、《国家互联网信息办公室关于〈区块链信息服务管理规定〉涉安全评估条款说明的公告》的规定，区块链信息服务备案分为两个步骤：（1）在提供服务之日起10个工作日内履行区块链信息服务备案手续。备案方式为：登录“国家互联网信息办公室区块链信息服务备案管理系统”（bcbeian. ifcert. cn），填报服务提供者的名称、服务类别、服务形式、应用领域、服务器地址等信息，进行备案。（2）安全评估。开发上线新产品、新应用、新功能的，可委托具有相关资质的测评机构开展安全评估，或自行对区块链信息服务开展安全风险自评估，通过“全国互联网安全管理服务平台”（www. beian. gov. cn）提交安全自评估报告。

由此可知，数字藏品平台只有取得相应的资质及备案后，才能上线运营，只有根基牢固，方可行稳致远。但实践中一些数字藏品平台因为急功近利，忽视了资质缺失可能带来的风险，因此落得勒令关停甚至全额退还违法经营所得的惨淡下场。

（三）数字藏品平台的数据合规风险

杭州的王先生是一名数字藏品玩家，2022 年上半年，王先生在某公司平台上花费 299 元购买了一款数字藏品，并加入了用户微信群，与其他爱好者交流相关资讯。

2022 年 7 月 22 日凌晨，王先生突然发现，自己在该平台账号下所持有的数字藏品莫名不见了，账号记录显示，藏品已被转赠给其他用户，但他本人并没有进行任何操作。王先生赶忙在微信群中反映此事，没想到，当天早上，又有 10 多个用户纷纷表示，遇到了和王先生同样的情况。该公司技术人员立即查看服务器请求日志、排查数据库异常情况。结果显示，有同一 IP 在 22 日晚登录了 30 多个用户的账户，并进行转赠操作，先后转赠了 21 个用户的数字藏品。技术人员进一步通过该异常 IP 进行反查，发现该 IP 还登录过一个实名认证为陈某某的账号，该账号在注册后未进行过任何操作。公司怀疑，有人偷偷登录了大量用户账号，对用户的数字藏品进行了非法操作。因该公司平台本身不支持交易，有买卖需求的用户需要在第三方平台进行交易，然后进行转赠操作。在联系第三方平台后，得到反馈确认这 21 个用户的数字藏品都存在交易情况，公司随即报警。

通过侦查很快证实，盗用并出售用户数字藏品的正是陈某某。2022 年 7

月 20 日下午，陈某某偶然发现，该公司平台登录机制存在漏洞。登录平台本来需要用户注册的手机号和所接收的验证码，而他填好手机号后，在验证码一栏竟然只要输入数字 123456 就可以直接登录。陈某某看到平台的拉新活动排行榜上公布了很多被隐藏了中间 4 位数字的用户手机号，于是将排行榜上不完整的手机号都复制下来，不断尝试破解出用户的真实手机号，再利用漏洞进行登录。通过这种方式，陈某某登录了 30 多位用户的账户，并以 1400 元、1500 元、1600 元不等的单价盗卖了 21 位用户的数字藏品。

2023 年 3 月 9 日，经拱墅区人民检察院提起公诉，法院以陈某某侵犯公民个人信息罪、非法获取计算机信息系统数据罪判处其有期徒刑 3 年，缓刑 4 年 6 个月，并处罚金 7000 元。①

在上述案例中，除了陈某某的犯罪行为，案涉数字藏品平台所存在的问题也值得深思。

1.《网络安全法》第 10 条规定："建设、运营网络或者通过网络提供服务，应当依照法律、行政法规的规定和国家标准的强制性要求，采取技术措施和其他必要措施，保障网络安全、稳定运行，有效应对网络安全事件，防范网络违法犯罪活动，维护网络数据的完整性、保密性和可用性。"上述案例中，用户填好手机号码后，只要输入 123456 的验证码即可登录，该数字藏品平台存在极其严重的网络安全漏洞，没有尽到网络安全保障义务。

2.《个人信息保护法》第 28 条规定："敏感个人信息是一旦泄露或者非法使用，容易导致自然人的人格尊严受到侵害或者人身、财产安全受到危害的个人信息，包括生物识别、宗教信仰、特定身份、医疗健康、金融账户、行踪轨迹等信息，以及不满十四周岁未成年人的个人信息。只有在具有特定的目的和充分的必要性，并采取严格保护措施的情形下，个人信息处理

① 浙江省杭州市拱墅区人民检察院：《"消失"的数字藏品》，载微信公众号"拱墅检察"，2023 年 3 月 15 日。

者方可处理敏感个人信息。”是否属于个人敏感信息需要结合相应的处理情境作出判断。手机号通常不是敏感个人信息，人们乐于在亲友之间分享手机号，但对手机号被公之于众则十分抗拒，因而公之于众的手机号可能构成敏感个人信息。[①] 虽然该数字藏品平台隐藏了中间 4 位数字的用户手机号，但此时用户手机号的可能组合已经限缩至很小的范围内，与直接公布用户手机号码并无本质区别，其已涉嫌违法处理敏感个人信息。

随着《网络安全法》《数据安全法》《个人信息保护法》等法律相继颁布，数据合规的重要性已不言而喻，数字藏品平台在运营过程中需要处理大量的资产（交易标的）数据、交易与结算数据及用户数据，数据合规风险不容忽视。

（四）数字藏品平台的商业模式刑事合规风险

2022 年 10 月 25 日，商丘市公安局睢阳分局微信公众号发布文章称，其成功捣毁一个利用出售动画卡通图片实施诈骗的犯罪团伙，抓获犯罪嫌疑人 8 名。

2022 年 9 月 16 日，睢阳分局刑侦大队接到群众举报称：睢阳辖区某写字楼内有人在从事网络诈骗。接到举报后，睢阳分局立即成立专案组对此案进行侦查研判。经过多日工作，一举将该诈骗团伙打掉，当场抓获涉嫌诈骗的犯罪嫌疑人 8 人，同时扣押了用于诈骗的电脑、各类账册等书证及电子物证。

经依法侦查查明：犯罪嫌疑人班某伙同毕某某、期某某、班某某等人利用网络藏宝阁 App 平台出售虚拟卡通图片，以划分不低于 300 万奖池、定期回购、现金奖励、实物奖励等为噱头，涉嫌诈骗资金 265 万余元。[②]

Meta 藏宝阁公众号已发布多篇文章宣传购买数字藏品的活动信息，声

---

① 孙清白：《敏感个人信息保护的特殊制度逻辑及其规制策略》，载《行政法学研究》2022 年第 1 期。

② 商丘市公安局睢阳分局：《打击犯罪不停歇，守护平安不止步》，载微信公众号“商丘市公安局睢阳分局”，2022 年 10 月 25 日。

称其售卖的藏宝阁藏宝图“残卷”在活动期间不限量公开发售，用户需要花19.9元至79.9元不等，购买不同等级的“残卷”。“残卷”需要吸收能量（藏品）进化成完整的“宝箱”。每合成一个宝箱，可在活动结束后通过“藏宝盲盒”中所对应的钥匙进行开启，最后获得不同级别的藏宝图才能进入官方建立的自治社区。

文章还标红注明，所有售卖藏宝图残卷金额以及藏宝盲盒所得金额都将全部注入奖池，“奖池金额预计不低于300万元”，活动结束会按比例分配全部终极奖池。官方还会根据用户热情不定期追加运营资金到奖池中。若用户邀请新用户成功将获得奖励，并按照邀请用户数量的排行榜获得价值4万元的金条、现金、苹果牌手机等奖励。

8月18日，Meta藏宝阁公众号发布了最后一篇文章。文章称，因为工作人员居家办公和App功能优化的原因，“有段时间没和大家见面”，其余内容主要介绍Meta藏宝阁平台数字藏品最新的合成玩法。[①]

实践中，许多数字藏品平台法律意识淡薄，为了牟取非法利益而无所不用其极，以各种“玩法”蒙骗用户：虚假宣传营造市场热度；向用户承诺享有平台股权收益或者销售分红，但却从未进行兑现；向用户承诺相关实物奖励或者权益奖励，比如赠送名酒、奢侈品或者旅游度假等，却从未兑现；明示或者暗示向用户承诺藏品未来的增值空间，却未能兑现；向用户承诺开通二级交易，鼓励用户通过拉人头的方式进行炒作；除了发售自营的数字藏品外，还开通二级交易市场，通过“老鼠仓”等人为控制藏品交易数量和市场价格，诱导炒作投资。

即使是诚信经营的数字藏品平台企业，在商业模式上也应当注意合规，以免触犯刑律。

---

① 陈卿媛：《数字藏品涉刑第一案 涉嫌诈骗资金265万余元》，载中国新闻网，https：//www.chinanews.com.cn/sh/2022/11-20/9898308.shtml，最后访问时间：2024年7月29日。

三、数字藏品平台合规运营建议

（一）平台版权合规

版权合规亦是数字藏品平台法律合规管控中的重要一环。在数字藏品的铸造和流通环节，著作权问题是绕不开的，虽然许多平台认为自身并没有实质审查义务，但当前越来越多的侵权纠纷案件显示，平台仅提供形式审查义务不是其逃脱责任的正当理由。平台审查义务的履行程序、方式以及是否留痕等都将成为司法机关判断其责任履行程度的重要因素。数字藏品作为区块链和艺术作品的融合，少不了对作品本身的知识产权审查。而对于数字藏品平台而言，根据法院的司法裁判以及现有法律框架，建立事前审查机制和事后审查机制两套流程是重中之重。

对于事前审查机制，我们认为应当从平台基于网络服务提供者具有的善良管理者义务的角度进行评价，并且应赋予平台一定的自主决策权和审查空间，平台可以在法律规定的框架内，根据自身审查需要、知识产权权利类型、产业发展等实际情况等因素，对具体要求进行明确和细化。平台理应构建相应的侵权预防机制，形成有效的筛查甄别体系，从源头上防止侵权发生，必要时可要求铸造用户提供担保，最大限度地降低数字藏品存在侵权的可能性。律师团队也可以帮助平台进行版权审核，比如在 IP 授权方面解决第三方合作 IP 的版权确权问题，可先审查 IP 版权方是否明确，在合作前查看他们之间的授权合同，审查整个 IP 的授权链条是否清晰。IP 授权合约审查通常是一个复杂的过程，中间可能涉及非常复杂的公司之间的授权关系，公司和公司之间也可能互相关联。如果数字藏品平台在审核以上内容时无法自行辨别，可能就会面临版权上的争议和风险。这时就需要律师提供专业的法律审查服务，以确保版权的合规。

对于事后审查机制，我们认为，根据“避风港原则”，被侵权人提供符合《信息网络传播权保护条例》第 14 条规定的能够证明构成侵权的初步材料，平台应当及时下架相关的侵权产品。

总体而言，数字藏品平台应当重视知识产权审核体系的建立工作，除了对已发生侵权作品积极审查、下架，还应关注完善作品授权合同，从而保证铸造成数字藏品的原始作品权利完整，更有前瞻性地降低纠纷发生的概率。综上所述，律师可以通过以下几点来审查平台版权的合规：（1）配备专业的审核团队。平台从事数字藏品业务，应当具备与该行业相匹配的能力，如专业的知识产权审核团队。数字藏品的核心在于保证上链作品的清洁性，因为数字藏品底层技术依赖的是区块链，而区块链的分布式共识等机制设计不容易实现作品回转，只能将该侵权的数字藏品在区块链上进行断链并转入“地址黑洞”，进而达到停止侵权的目的。（2）建立严格的事前审核机制。企业若要开展数字藏品业务，尤其是准备设立交易平台，建议建立严格的事前审核机制，对用户的底稿、权属登记证书、授权委托书、认证机构的证明等进行实质性审核，可以采用机器智能审核和人工审核双重保证的方式。（3）对作品进行溯源审核。如果上链作品属于已经登记的作品，则平台应审核著作权人取得的相关著作权登记证书以及相关作品版权证明；如上链作品尚未在任何版权登记机构或者区块链系统进行确权，平台应进行适当的前置审核，利用相关技术进行互联网查重，同时，在上链之前应要求发布人签署相关的版权声明与保证等文件。（4）建立健全侵权投诉机制。在事前审查的基础上，平台应建立版权保护投诉通道，向公众开放。对于权利存在争议的数字藏品，除通知侵权方提供进一步权利证明外，还应视情况屏蔽、断开、限制访问链接，使涉侵权的数字藏品暂时处于“不可访问或交易”的状态，避免平台成为侵权行为的“帮凶”，导致权利人损失的进一步扩大。

（二）平台资质合规

应该把好平台经营者资质的“入门关”。数字藏品平台监管的具体政策迟迟没有落地，但这并不意味着平台开发方或运营方就能为所欲为，即便在现有的法律框架之下，如何合法合规开展数字藏品相关业务仍然是一个值得讨论和研究的议题。其中的一个前提性问题便是，平台需要具备何种资质才能开展数字藏品相关业务？鉴于数字藏品作品的法律性质是多元的，所以数字藏品平台所需要的资质就会更多一些。

首先最重要的资质是区块链信息服务备案安全评估报告。根据《区块链信息服务管理规定》第 9 条、第 11 条的规定，企业应当在提供服务之日起 10 个工作日内通过国家互联网信息办公室区块链信息服务备案管理系统填报服务提供者的名称、服务类别、服务形式、应用领域、服务器地址等信息，履行备案手续。区块链信息服务提供者应当在提供服务之日起 10 个工作日内履行备案手续，通过国家网信办区块链信息服务备案管理系统进行备案。数字藏品平台的建立依托于区块链的技术，无论平台本身是采取自运营模式还是作为第三方的交易平台，因其都需要利用区块链技术向公众提供数字藏品的发行、交易等信息服务，因此应遵循国家互联网信息办公室《区块链信息服务管理规定》履行备案手续。

其次是网络文化经营许可证。对于数字藏品平台企业而言，制作数字藏品并进行发行、销售，供用户浏览、欣赏、使用或下载的行为属于《互联网文化管理暂行规定》第 3 条规定的互联网文化活动，同时，由于数字藏品平台企业往往系以营业为目的，通过收费等方式提供互联网文化产品或服务，因此该行为应当属于经营性互联网文化活动。根据《互联网文化管理暂行规定》第 8 条的规定，相关企业从事经营性互联网文化活动，应当向所在地省、自治区、直辖市人民政府文化行政部门提出申请，由省、自治区、直辖市人民政府文化行政部门审核批准，批准的核发网络文化经营许可证，并向社会公告。

增值电信业务经营许可证也是必不可少的资质之一。根据不同的经营和业务范围，增值电信业务经营许可证分为很多种，与数字藏品平台相关的主要为ICP许可证（必需）和EDI许可证（非必需）。ICP许可证应用在提供有偿音乐、图片下载、有偿信息咨询、在线会员收费等场景，基本所有互联网公司都需要办理该类型的增值电信业务经营许可证。而EDI许可证则应用在如京东、淘宝等电商平台，该类平台提供在线交易处理业务，因而需要EDI许可证。因此，所有运营数字藏品平台的企业均须申请ICP许可证，但只有开通交易市场、许可用户间互相交易的企业需要同时申请EDI许可证。

虽然目前针对数字藏品平台资质的政策仍需进一步明晰，但平台的资质合规问题影响到企业的生存与发展，故数字藏品平台仍需依据现有的监管规定，取得相应的许可或者备案手续。

（三）平台数据合规

数据合规是合规审查中的重中之重。数字藏品平台进行数据收集、存储、传输、处理、使用等数据活动，可能会产生用户数据泄露事件，大体来说，主要有以下几个原因：企业自身数据安全保护系统存在漏洞，企业关键信息基础设施容易被攻击、侵入、干扰和破坏，数据处于暴露的风险当中；企业员工故意或过失泄露用户数据，或逐利，或泄愤，或报复，或竞争；外部力量或人员利用木马、病毒、爬虫等计算机网络技术措施对目标企业的数据系统发起攻击，窃取用户数据等。当前，我国信息化发展相关法律、政策框架已初步形成。在推进数字经济发展的过程中，要进一步完善针对网络平台监管的法律法规体系，建立和完善数字技术应用审查机制和法律监管体系，开展算法规制、标准制定、安全评估、伦理论证等工作，规范各类科学研究活动，不断加强知识产权保护和服务能力，有效维护国家安全、社会公共利益和消费者权益。新兴互联网企业有可能被认定是关键信息基础设施的运营者，其掌握的个人信息和重要数据，应当在中华人民共和国境内存储，这是在物理上保障信息数据在国家主权层面的安全措施。

（四）平台商业运营模式合规

数字藏品平台常见的商业运作模式是文创作品发行方或授权方在数字藏品平台上授权发行作品，抑或数字藏品在平台上运营上链发售作品，常见的运营模式有直接发售、特殊藏品合成、盲盒、抽奖、二级市场等。

律师可以通过审查以下几点来保障数字藏品平台的商业运作模式合规：（1）是否存在通过虚假宣传、承诺回购、带节奏等方式炒作或向公众吸收资金。（2）采用盲盒的形式发售数字藏品的，在玩法设计上是否与赌博相区分，避免构成赌博罪。（3）是否存在代币发行或代币发行的形式（对于数字藏品一物多发的控制与规范）。（4）是否开放二级市场（寄售功能），是否有炒作数字藏品的行为。（5）是否合理设置与规范数字藏品权益，防范"分红权"的权益设置方式，避免传销。（6）是否进行平台用户进行实名认证，有无参照中国银行反洗钱相关策略，做好反洗钱工作。

四、总结与展望

任何新事物都会有一个出现、发展、完善以及逐步被接受的过程，从"数字藏品第一案"再到数字藏品平台短期内飞速增加，虚拟世界必将到来，数字藏品也必然是其中的重要一环。在这个发展的风口上，平台方如何在合规的前提下进行差异化发展，实现平台的长期经营，是需要进一步思考的问题。国家将会在数字藏品行业发展到一定阶段后出台具体的法律法规，而在这之前，平台应当密切关注行业发展动态，提前进行合规建设，避免在后期由于不符合相关法律规定而出局，这也凸显了数字藏品平台法律合规服务的重要性。

论直播带货的合规性问题

嵇凤森[1]

摘要： 随着网络科学技术的进步和发展，直播带货成为新的商业运营模式，直播平台和开展直播带货的企业将产品信息通过网络的方式进行传播，大大减少了产品与消费者之间的信息盲区问题，消费者通过网络直播平台了解更多的产品信息并选择自己所需要的更合适的产品。但是数据造假、直播内容低俗、带货商品质量不过关、内容涉嫌侵权、商品售后无法保障、主播逃税漏税等行业乱象随之不断出现。上述这些现象都是没有做好合规而产生的法律问题，因此，直播带货的平台企业和开展直播带货的企业如何做好直播带货的合规管理就尤为重要。

关键词： 直播带货　法律风险　不合规的问题　合规管理

一、关于直播带货

直播带货是新兴行业，随着抖音、微信等直播带货平台的兴起，主播、用户规模持续扩大，越来越多的企业将网络直播应用于营销中。2022 年我国直播带货电商的销售额达到 3.5 万亿元左右，直播用户规模达到 7 亿人。[2]

---

① 嵇凤森：广东正平天成律师事务所律师。

② 《CNNIC 发布第 51 次〈中国互联网络发展状况统计报告〉》，载中国互联网络信息中心网站，https：//www.cnnic.cn/n4/2023/0302/c199-10755.html，最后访问时间：2024 年 8 月 12 日。

（一）直播带货是一种新型的视频销售模式

直播带货，是直播带货企业或主播在封闭的场所里凭借摄像头和直播平台，通过自己独特的表演、个人形象和个人品牌将所甄选的产品以视频的方式展示给用户。用户在家里通过手机、平板或电脑设备就可以观看直播，购买所需或所喜欢的产品。

（二）直播带货的类型

（1）秀场直播：以主播的表演为主，通过直播来展示自己。

（2）游戏直播：游戏玩家们可以借助网络直播平台找到志同道合的伙伴，彼此交流竞技经验，互相学习游戏技巧，从中获得精神享受。

（3）教育直播：一种比较传统的直播形式，通过网络直播推出各种教育类内容，在直播行业内占有自己的市场。

（4）生活直播：对个人日常生活的直播，不受时间、地点的限制，走到哪里播到哪里。也有边旅游边直播，顺便将旅游相关的产品挂网销售的。

（5）商业直播：主要针对企业，借助商业直播，企业可以利用企业品牌或是企业管理者个人品牌更加高效、便捷地销售本企业的产品，降低销售管理成本、运营成本。

（6）资讯直播：媒体属性非常强，是媒体融合的重要方向。资讯直播的参与者要具备专业的媒介素养，掌握媒体策划能力和选题策划能力。

本文主要研究讨论商业化的直播带货，即以企业运营的模式，可以是在直播带货平台销售其他企业的产品，也可以是主播直播销售某一特定品牌的产品而导致的主播直播带货的合规化问题。

二、直播带货中企业存在的不合规的问题及相应的法律风险

随着越来越多的企业加入直播带货和用户通过直播购货，更多的问题也

随即暴露，各种的纠纷、法律风险问题也呈现出来。直播带货企业不合规不仅包含了企业的不合规也包含了聘请或合作直播主播不合规。例如，某主播涉及逃税漏税被税务机关处罚13亿元后，其在淘宝、抖音、微博等多个平台的账号被封。直播带货中企业存在的不合规问题及相应的法律风险主要有以下几个方面。

（一）产品质量和销售问题而引发的法律风险

1. 销售假冒注册商标的商品

《刑法》第214条规定："销售明知是假冒注册商标的商品，违法所得数额较大或者有其他严重情节的，处三年以下有期徒刑，并处或单处罚金；违法所得数额巨大或者有其他特别严重情节的，处三年以上十年以下有期徒刑，并处罚金。"根据该条规定，主播在直播带货时明知带货商品属于假冒注册商标的商品，仍然销售的，一旦数额较大，就要承担销售假冒注册商标的商品罪的刑事责任。

2. 生产、销售不符合安全标准的食品

如果主播明知他人生产、销售假药，还利用直播平台销售和宣传，这就涉嫌构成生产、销售假药罪或生产、销售不符合安全标准的食品罪。

（二）直播带货偷税漏税造成的法律风险

随着直播带货的兴起，主播的收入水平不断提高。主播的收入来源主要有：（1）主播承接商家广告并从中受益的收入；（2）用户赠予的礼物收入，如用户充值虚拟币打赏，主播以此换取的收入；（3）直播平台支付给主播的薪酬；（4）主播通过直播带货推广和销售产品取得的佣金和收益。

由于网络直播的收入主要是通过电子支付方式来获取，如微信钱包及手机银行等，这在很大程度上增加了税务机关的监管难度，容易出现税收流失的情况。税法是强制性的法律法规，根据《税收征收管理法》的规定，主播偷税逃税行为一经查实，税务机关将追缴其不缴或者少缴税款、滞纳金并处不缴或者少缴税款的50%以上5倍以下的罚款。情节严重的可能会构成犯罪，并承担刑事责任。

（三）虚假广告宣传的法律风险

虚假广告宣传是指在商业活动中，经营者利用广告对商品或者服务做出与实际内容不相符的虚假描述，导致消费者误解的行为。具体要看带货主播的身份及产生的影响，以确定主播是否构成虚假广告罪的共犯。

三、直播带货企业如何做好合规管理

企业合规已经引起了各行各业的高度重视，直播带货正处于高速发展过程中，吸引了大批的资本和人才，要想直播带货行业健康、长远发展，直播带货的企业和从业者必须掌握相关法律法规，并做好合规管理。针对上述直播带货的主要法律风险，本文整理了以下几点合规管理建议，以供参考。

1. 做好直播带货平台和直播带货企业的合规管理体系的建设或重塑

在建设或重塑合规管理体系时，主要涉及以下环节。（1）合规管理体系的现状评估：确定合规管理的需求与目标，梳理企业经营形式与业务流程。（2）确定合规管理体系的工作范围：进行合规风险的识别、分析与评价，设计合规管理组织结构。（3）编制各项合规管理制度：制定合规风险防范措施，设置合规风险的举报、调查与处罚决定执行机制。

2. 做好直播带货平台和直播带货企业的合规管理制度的建设与执行

直播带货从业者决定直播选品、设计广告用语、撰写直播文案等要进行专业的合规性审查，把关业务流程，控制法律风险。直播带货平台和企业要建立从选品、宣传、直播文案到售后各个环节的管理制度，确保直播带货的从业人员遵守相应的规则，同时建立相应的监督管理机制对相关人员的行为进行监督。

3. 聘请税务专业人士对直播带货平台和企业的收入进行税务管控

税务风险是直播带货平台和企业最大的法律风险。税法专业性很强，只有具备法律、税务和财务知识的专业人士才能运用得当。税务风险的管控是一项系统工程，没有事先规划、事中执行和事后监督是不可能完成的。因此，建议企业根据发展规模聘请税务专业人士进行税务筹划、执行和监督。

综上所述，直播带货作为一项新兴的行业，相关平台和企业遵守法律法规，建立合规管理体系，做好合规管理培训，执行合规管理制度，并建立专业的税务管控系统，为企业健康发展提供必要的保障，已是大势所趋。

漫谈企业合规之竞业限制

李海芳[①]

摘要： 竞业限制旨在通过限制劳动者在一定时间和地域内不得从事与原用人单位存在竞争关系的工作，保护用人单位的商业秘密和经济利益，其合理性和有效性需要在保护用人单位商业秘密和尊重劳动者权益之间找到平衡点。

关键词： 滥用竞业限制协议　竞业限制主体

竞业限制制度对企业、劳动者权益保障具有重要意义。尤其是随着“高精专新”企业的蓬勃发展，高新技术特别是信息技术成为企业创新的内核，越来越多的企业为保护企业的核心竞争力，与知悉企业核心技术或商业秘密的劳动者签署竞业限制协议，约定其离职后在一定的期限内，不得生产、自营或为他人生产、经营与原用人单位有竞争关系的同类产品及业务，不得在与原用人单位具有竞争关系的用人单位任职。

一、以指导性案例看竞业限制纠纷的现状

近年来，竞业限制已经成为劳动争议案件的新热点，案件数量逐年呈上升趋势，争议标的越来越大，与此同时，我国法律对此问题仅作了原则性规

① 李海芳：上海市汇业（广州）律师事务所律师。

定。《劳动合同法》第23条第2款规定，对负有保密义务的劳动者，用人单位可以在劳动合同或者保密协议中与劳动者约定竞业限制条款，并约定在解除或者终止劳动合同后，在竞业限制期限内按月给予劳动者经济补偿。劳动者违反竞业限制约定的，应当按照约定向用人单位支付违约金。但是，司法实务中涉及竞业限制的争议焦点层出不穷，如未约定经济补偿的竞业限制协议的效力、负有保密义务人员的认定、“商业秘密”的认定等因缺乏法律规定并无统一认定的标准。最高人民法院发布的指导案例190号“王某诉某信息技术股份有限公司竞业限制纠纷案”①，突破了用人单位登记的经营范围，以实质性的企业竞业模式认定两家企业间是否存在竞争关系。

王某于2018年7月2日进入某信息技术股份有限公司（以下简称某信息公司）从事智能数据分析岗位工作，某信息公司经营范围为计算机软硬件的开发、销售、计算机专业技术领域及产品的技术开发、技术转让、技术咨询、技术服务。双方签订了《竞业限制协议》，就王某竞业限制期限、竞业限制补偿金及违反竞业限制违约金等进行约定。2020年7月27日，王某因个人原因从某信息公司离职。2020年8月6日，王某入职某科技公司。某科技公司的经营范围包括从事信息科技、计算机软硬件、网络科技领域内的技术开发、技术转让、技术咨询、技术服务等。2020年11月13日，某信息公司申请仲裁要求王某履行竞业限制义务、返还已受领的竞业限制补偿金并支付违反竞业限制义务违约金200万元。仲裁裁决王某继续履行竞业限制义务、返还已受领的竞业限制补偿金6796元并支付违反竞业限制义务违约金200万元。王某不服，诉至法院。一审法院维持了仲裁裁决。

二审法院审理后，就是否构成竞争关系的法律问题揭开了企业登记经营范围之“面纱”，不仅考虑依法登记的经营范围是否重合，还综合两家企业

① 《指导案例190号：王某诉某信息技术股份有限公司竞业限制纠纷案》，载最高人民法院网站，https：//www.court.gov.cn/fabu/xiangqing/382491.html，最后访问时间：2024年8月12日。

的实际经营内容、产品受众、对应市场等因素，以认定王某是否形成竞争关系。二审法院以一审法院仅以工商登记的经营范围存在重合即认定王某违反了竞业限制协议的约定欠妥，改判王某不应返还竞业限制补偿金及支付违反竞业限制违约金。

人民法院在竞争关系的认定上，逐渐由形式审查过渡到实质性审查，即揭开公司经营范围的“面纱”。也就是说，企业办理工商登记时是自主选择经营范围，一经核准，企业就应当在登记机关核准的经营范围内从事经营活动，这是企业业务活动范围的法律界限。实践中，企业核准的经营范围往往与实际经营范围差距较大，企业选择的大类、中类或者小类，范围存在一定的弹性。如经营范围为“软件开发”的办公软件公司与社交软件企业，都属于“软件行业”，但两者的用户需求不同，受众也不同，两者之间并不相互排斥，不构成竞争关系。因此，近年来人民法院审理此类案件，不再以登记的经营范围来判断是否构成竞争关系，而是从多维度、全方位的角度认定两家企业是否提供相同的服务或产品、服务或产品的受众是否同一、商业机会是否重合等。

二、企业在竞业限制上存在的法律问题

1. 竞业限制义务主体范围过大，滥用竞业限制协议

竞业限制的立法目的是防范离职员工利用在原企业服务期间知悉的核心技术或商业秘密，于离职后不正当地与原企业形成竞争关系，侵害原企业的竞争优势。《劳动合同法》第 24 条第 1 款规定，竞业限制的人员限于用人单位的高级管理人员、高级技术人员和其他负有保密义务的人员。部分企业为了不区分工作岗位及员工是否接触商业秘密，随意扩大竞业限制的义务主体，要求全体员工签订竞业限制协议。如在蒋某、江苏某工业科技集团有限

公司竞业限制纠纷案[①]中，上诉人提及，公司与全体员工签订了《保密协议》《竞业限制协议》；在廖某、王某等竞业限制纠纷案[②]中，上诉人提及，企业利用其资方优势地位，要求全体员工签署《竞业限制协议》。

2. 竞业限制协议欠缺必要要素

竞业限制协议没有明确竞业限制的范围明细、限制时间、补偿金金额、支付方式、违约金等内容。例如，尽管员工违反了《保密协议书》中有关竞业限制条款的约定，但公司与员工未约定违反竞业限制的违约金，因此不予支持支付违约金。没有具体的约定，使得竞业限制协议无法达到保护公司的设立目的。

3. 企业缺乏监管制度

企业在签订竞业限制协议后，依约支付经济补偿时，并未建立配套制度对劳动者是否履行协议或履行协议是否符合约定进行监管，未要求劳动者定时提供社保记录、完税记录、劳动合同等证明其就业情况的材料。

三、企业合规之竞业限制协议的实务建议

1. 厘清竞业限制协议的义务主体

企业应严格遵守《劳动合同法》第24条第1款规定的人员范围，界定负有保密义务的主体。竞业限制的义务主体应限定在高级管理人员、高级技术人员及其他负有保密义务的人员。同时，要厘清企业的董事、高管的竞业限制是法定义务，区别于其他员工的合意约定。并且公司应当明确什么是公司的商业秘密及涉及哪些人员：公司的核心和重要商业秘密，如管理方法、产销策略、客户名单等经营信息，一般涉及公司经理、副经理、财务负责人

① 参见：(2022) 苏02民终375号。本书所列案号均来自中国裁判文书网，载https：//wenshu. court. gov. cn/。

② 参见：(2022) 粤06民终1355号。

等；生产配方、技术诀窍、设计图纸等技术信息，一般涉及高级研究开发人员、技术人员、关键岗位的技术人员等；其他负有保密义务的人，一般涉及市场销售人员、秘书、财务人员等。厘清义务主体，可与对负有相应保密义务的人员签订竞业限制协议。

2. 细化竞业限制协议的内容，增强可操作性

（1）明确竞业限制期限为员工离职后不超过 2 年，超过 2 年部分不具有法律效力。

（2）界定竞业限制的范围是竞业限制协议的核心条款。《劳动合同法》第 24 条第 2 款从两个方面对竞业限制范围作了原则规定，即与本单位生产或者经营同类产品、从事同类业务的有竞争关系的其他用人单位，或者自己开业生产或者经营同类产品、从事同类业务。但是实务中的情况更加复杂，规避竞业限制义务的方式千变万化，竞业限制的范围应从竞争业务、产品、服务、技术的范围和竞争主体方面约定，尽可能具体化，逐一列举竞争业务、产品、服务、技术的范围和竞争主体的类型。

（3）明确竞业限制补偿金。竞业限制协议约定的补偿金由用人单位与员工协商约定，建议用人单位按照《最高人民法院关于审理劳动争议案件适用法律问题的解释（一）》第 36 条的规定，按劳动合同解除前 12 个月平均工资的 30%支付经济补偿金。

（4）明确竞业限制违约金。企业应结合员工掌握的核心秘密，综合公司可能遭受的损失、合同履行情况、违约方的过错程度、预期利益等因素考虑确定具有惩罚性及补偿性的违约金。

3. 劳动者离职后，合理管控履约期间

（1）企业建立履约监管台账

企业在与劳动者签订竞业限制协议后，应为每位劳动者建立台账，要求劳动者在加入新公司或者自主创业后，定时报告其就业情况的材料，如公司

经营范围、工作岗位、社保记录、完税记录、劳动合同等材料。若劳动者不履行该义务，应及时向劳动者发送《限期提供就业信息通知书》，要求其在限定的时间内提供，并释明拒不提供的法律责任。若劳动者不予理会企业的通知，企业可通过多方询问及调查等方式及时跟进其入职情况，搜集该员工就职或创业信息，以便及时掌握员工动态，固定证据，以作追究员工违约责任之用。

竞业限制的业务范围限于具有竞争关系的类似业务。尤其是对劳动者新入职企业的经营范围要作实质性的调查，因为人民法院审查的重点已从形式审查过渡到实质审查。公司可以查询该员工入职的用人单位登记的经营范围情况，核查新用人单位登记的经营范围与公司的经营范围是否存在交叉或重叠。更为重要的是，除了对比用人单位登记的经营范围，还应当重点审查两个用人单位实际经营的业务是否相同或相似。

（2）及时履行竞业限制补偿金的支付义务

《最高人民法院关于审理劳动争议案件适用法律问题的解释（一）》第38条规定，当事人在劳动合同或者保密协议中约定了竞业限制和经济补偿，劳动合同解除或者终止后，因用人单位的原因导致3个月未支付经济补偿，劳动者请求解除竞业限制约定的，人民法院应予支持。因此，企业应在解除或者终止劳动合同后，按时支付竞业限制补偿金。实务中，有企业采用按月支付的方式，亦有企业采用一次性支付补偿金的方式。在采用按月支付时，企业应按时足额支付。否则，若企业超过3个月未支付补偿金，劳动者有权解除竞业限制约定，使得劳动者不再受竞业限制协议的约束，企业竞业限制的目的落空。

论企业的数据合规管理体系建立

彭　莎[①]

摘要： 数据合规是企业发展的重要基石，也是企业与客户建立信任的关键。随着互联网和数据技术的发展，数据合规问题日益复杂，企业必须制定全面的数据合规体系来确保数据的合规性和安全性。本文将探讨企业数据合规的内涵、我国监管的现状、建立企业数据合规管理体系的价值以及为如何搭建企业的数据合规体系提出建议。

关键词： 数据合规内涵　监管现状　价值　数据合规管理体系建立

一、企业数据合规的内涵

在计算机系统中，数据是以二进制信息单元 0、1 的形式表示。但本文所讨论的数据，从另一个层面来说，更接近于“信息”的概念。信息与数据既有联系又有区别。根据《数据安全法》第 3 条的定义，数据是指任何以电子或者其他方式对信息的记录。

“合规”从字面意思来看，意为“遵循规定”。从企业的层面谈合规，企业既要遵循国家制定的法律法规，也要遵循企业自行颁布的规章制度。企业合规并非简单要求企业合法合规地进行经营，而是企业根据行业监管特点

① 彭莎：广东诺臣律师事务所律师。

以及自身发展需求，在法律框架内建立一套自我管理体系。数据合规体系就是企业在数据管理领域内建立的自我管理体系。

二、我国目前的数据安全监管现状

我国的数据安全由多个部门共同管理和监督。其中中央国家安全领导机构负责统筹协调；工信、电信、交通、金融等主管部门承担本行业、本领域数据安全监管职责；公安机关、国家安全机关等依法在各自职责范围内承担数据安全监管职责；国家网信部门依法负责统筹协调网络数据安全和相关监管工作。

以工信部为例：因 App 违规收集个人信息、过度索权、频繁骚扰、侵害用户权益的问题突出，2019 年 11 月 4 日，工信部信息通信管理局召开信息通信领域 App 侵害用户权益专项行动整治工作启动会，面向 App 服务提供者和 App 分发服务提供者两类主体对象，重点整治违规收集用户个人信息、违规使用用户个人信息、不合理索取用户权限、为用户账号注销设置障碍 4 个方面的 8 类突出问题。[①] 2019 年 12 月 19 日，41 款 App 被通报存在违规收集、使用用户个人信息、不合理索取用户权限、为用户账号注销设置障碍等问题。[②] 截至 2024 年 6 月，工信部已经发布了 40 批次通报。整治进程中有部分应用软件被下架处理，部分违规情节严重、拒不整改的 App 将受到行政处罚。

2023 年 2 月 28 日，工信部发布《工业和信息化部关于进一步提升移动互联网应用服务能力的通知》（工信部信管函〔2023〕26 号）。该通知彰显了整治侵害用户权益的决心，共提出了 26 条措施，不仅对个人信息保护、响

---

① 参见《工业和信息化部开展 App 侵犯用户权益专项整治行动》，载工业和信息化部网站，https：//wap. miit. gov. cn/gyhxxhb/jgsj/xxtxglj/APPqhyhqyzxzzxd/gzdt/art/2019/art_ 06bc577acc244136a7b15f3266684a90. html，最后访问时间：2024 年 8 月 12 日。

② 参见《关于侵害用户权益行为的 App（第一批）通报》，载中国政府网，https：//www. gov. cn/xinwen/2019-12/20/content_ 5462577. htm，最后访问时间：2024 年 8 月 12 日。

应用户诉求等提升用户服务感知方面提出了要求，还对 App 开发运营者要落实的主体责任，如建立生命周期个人信息保护机制、健全考核问责机制、明确用户服务和权益保护的牵头管理部门和负责人等，提出了明确要求。

窥一斑可知全豹，我国对企业数据安全问题的监管，从简单地发现问题、提出整改，转向了更高、更明确的要求，即提升用户服务感知的能力及行业的自我管理能力，可预见的是，有关部门将继续采取有效措施，进一步加大监管力度。在此背景下，企业尤其是互联网、金融等涉数据型企业的数据合规体系建设显得更加迫在眉睫。

三、建立企业数据合规管理体系的价值

首先，建立数据合规管理体系有助于企业的可持续发展。建立数据合规管理体系是为了避免企业因为没有遵守法律法规的规定而遭受监管处罚、经济损失、商誉损失甚至是刑事处罚。随着数据安全、个人隐私保护等概念越来越为大众熟知，企业在收集、处理、分享数据的过程中如果能做好管理工作和数据合规体系建立，不仅能免于遭受前述风险，还能因为自身的合规建设而获得用户的信任，进而产生更大的经济价值，吸引更多的投资者，让企业更具商业价值。

其次，通过建立数据合规管理体系，企业在内部建立风险识别体系、风险防范体系和风险处置体系，并为员工确立行为准则和规范的操作流程及沟通流程。企业通过自我管理、自我监督，可降低企业违法、违规的风险，从某种程度上来说，也是为企业的稳定和行业的发展提供助力。

最后，建立数据合规管理体系有助于企业进入国际市场，参与国际竞争。欧盟、美国等国家和地区，针对数据保护、数据跨境都有非常成熟的规则进行规制。有志于在国际市场上作出一番成绩的企业，只有建立一套完善的数据合规体系，才能更好地辅助自身在国际市场中的长足发展。

四、建立企业数据合规管理体系的建议

数据合规管理体系既要满足外部监管要求，也要满足企业的管理诉求，只有与企业的管理体系相融合的数据合规管理体系，才能在企业扎根和壮大。笔者以外部律师视角提出关于建立企业数据合规体系的建议。

（一）前期尽职调查

1. 梳理立法情况，识别合规要点

合规体系建立的第一步是从立法和执法层面了解企业所在行业涉及的政策法规以及相关执法案例，并从中总结出执法的趋势以及业务合规的要点。政策法规包括：法律、行政法规、部门规章、司法解释、国家标准等，其中国家标准可以从全国标准信息公共服务平台进行查询。从监管部门通报的执法案例和媒体报道的行业典型中，通过分析执法频率、处罚结果，以及触发处罚的重点场景，可对执法趋势进行了解。

2. 梳理企业的业务场景

梳理业务场景的目的在于了解企业经营过程中的数据处理活动和管理情况，可以通过调查清单、人员访谈等方式进行，具体包括以下几点：第一，应了解企业的业务模式、企业经营业务的网络平台、业务资质、业务流程等，以判断企业在数据处理活动中是不是数据处理者，以及在数据处理过程中企业是通过委托处理、共同处理还是其他方式对所涉数据进行处理。例如，一家信息技术企业为下游客户提供的是搭建平台的服务，还是搭建平台加代运营的服务，对平台运营中所涉及的数据，该企业是有不同的责任的。只有在第二种情况下，这家企业才是数据处理者，负有相关数据安全方面的义务。第二，应了解企业所需要收集的数据，即企业收集的数据类型、数据来源及合法性证明、公司的隐私政策等。第三，应了解企业的相关数据管理制度，即企业是否建立了企业的数据安全管理组织架构、是否建立了数据分

类分级制度、是否有网络安全事件应对机制、是否有数据安全教育培训、是否取得了信息系统安全等级备案等。第四，应了解企业是否曾经发生数据合规相关的争议、诉讼、行政处罚等，如有，需企业相关人员说明情况并提供与该情况相关的资料。律师可以在本部分的调查过程中形成流程图、备忘录、访谈笔录等，作为下一步工作的底稿。

（二）出具尽职调查报告

根据前期工作的调查结果，律师对尽职调查情况进行梳理总结并形成尽职调查报告，报告主要包括：工作情况总结、企业现状、涉及的数据合规风险以及初步建议。

（三）制订整改计划

需要非常明确的一点是，合规整改计划并非一份文字方案，而是要体现人与人之间、部门与部门之间的沟通，并且要具有可操作性，否则只能是纸上谈兵，无法真正在企业中得以落实。律师需要与企业的相关部门人员一起，针对企业的整改计划进行讨论。整改计划可以从以下方面展开。

1. 企业目前存在的问题及目前监管的要求

以监管要求为标准，列明企业目前需要进行整改的地方。例如，企业没有安全管理制度，那么根据《网络安全法》等规定，网络运营者应当按照网络安全等级保护制度的要求，制定内部安全管理制度和操作规程，确定网络安全负责人，落实网络安全保护责任。

2. 列明整改建议

根据监管要求及企业的发展需求，列明整改建议。整改建议应包含措施、责任方和完成期限。例如，企业没有定期对从业人员进行安全教育和培训就需要制订数据合规意识培训训练计划：培训对象为全体员工，由法律合规部门进行培训，于 1 个月内完成。

3. 企业的数据合规组织体系搭建

前期整改措施落实，离不开企业数据合规的组织架构建立。组织体系搭建的目的在于将数据合规的职责分配落实到个人身上。从数据合规的特殊性、专业性以及企业的业务发展考虑，笔者建议企业由数据合规管理部统筹全公司的数据合规工作，并将业务主管作为数据合规的第一责任人。数据合规组织体系包括：首席执行官（CEO）、数据合规管理部、数据合规业务伙伴（Business Partner，以下简称数据合规 BP）三级机构，其中数据合规 BP 可以由法务、技术、业务三个部门的人员组成。数据合规管理部统筹全公司数据合规工作，赋能各业务部门开展工作，负责输出企业合规要求、方案等，评审各业务部门数据合规方案，以及解决各业务部门的合规需求。数据合规 BP 负责根据企业数据合规要求，识别各部门的数据合规风险，落实相关措施。业务主管负责数据合规管理工作，对合规结果负责，审批企业数据合规要求和风险目标，并提供相关资源确保合规目标达成。

五、结语

企业合规实质上是企业外规内化的自我治理行为。企业建立数据合规体系，既是国家监管的要求，更是企业可持续发展的需求。企业需要从制度保障、组织保障、运行保障上确保数据合规体系的落地，并将数据合规常态化，才能使企业在市场变化中稳步发展。

企业法律顾问在企业合规管理中的作用

郭泽荣①

摘要： 企业合规管理是指企业及全体员工遵守国家法律法规或规范，制定和执行合规管理制度，建立合规管理机制，培育合规文化，防范合规风险的行为。企业法律顾问是企业合规管理的设计者、组织者，担负着合规管理的重担。企业法律顾问协助企业领导层、协同企业相关部门，担负着共同促进企业依法经营管理、防范企业法律风险、维护企业合法权益等任务。实践证明，由具备一定法律知识和工作经验的法律顾问来处理法律事务，既可以防范法律风险，也可以更好地解决法律纠纷，最大限度地避免或降低经济损失，有效地保护企业的合法权益。本文阐述了聘请企业法律顾问的作用与必要性，旨在推动企业加强合规管理体系建设，加快提升企业合规经营管理水平，保障企业持续健康发展。

关键词： 企业法律顾问　公司治理　企业合规

一、企业法律顾问的工作

一个企业在发展过程中需要处理很多不同类型的事务，其中包括各种资质证照的年检审核、合同法律文书起草以及商业机密等内容。对此，企业中

---

① 郭泽荣：广东红棉律师事务所高级合伙人。

的综合部门和管理部门在实际的工作当中对相关法律知识缺少研究，只能根据工作经验来进行操作，从而导致一些工作的开展法律专业性有所欠缺。企业法律顾问则能为企业提供相应的法律服务，如审核企业的各种合同、参与合同的起草和谈判工作，保障企业的合法权益。现代社会是法治社会，所有的工作都需要在法律基础上开展，企业法律顾问在企业发展运行中发挥着重要作用。

企业生产和经营的最终目的是获得更高的利润。为保障企业的各项经营活动能够顺利进行，保证企业的各项收益都是合法的，企业就需要制定出相应的规章制度，规范员工的行为，让企业的各项工作都能在制度规范下开展，保证企业向正确和健康的方向发展。企业在制定规章制度的过程中需要充分考虑法律规定，积极寻求法律顾问的意见。经营决策是企业发展中的关键所在，决策上一旦出现了失误，所有的企业领导者都需要承担法律责任。企业法律顾问需要在企业领导进行决策时为他们提供相应的法律意见，为企业提供更加可靠的保障，促使企业合理、合法和健康地经营发展。

二、企业合规管理概念及对企业的重要性

2022 年 10 月 12 日，国家市场监督管理总局和国家标准化管理委员会联合发布了《合规管理体系 要求及使用指南》。该指南中指出，合规意味着遵守了相关的法律法规，也遵守了相关标准、合同、有效治理原则或道德准则。也就是说，企业合规不仅是要遵守国家颁布的各项法律法规，还要遵守各行业的商业行为准则、惯例，各企业的内部规章，甚至是日常交易中形成的商业道德、公序良俗。从这个层面来说，合规既是一种法定的要求，也是一种道德的要求，企业合规中的内容，既包括法律规定的企业应当或禁止实施的行为，又包括商业道德和伦理规范。

因此，企业合规管理是指企业及其全体员工应遵守国家法律规范，制定

和执行合规管理制度、建立合规管理机制、培育合规文化以及防范合规风险。企业发生合规风险，可能导致的法律责任有三种：一是承担民事责任，二是受到行政处罚，三是承担刑事责任。无论是哪一种法律责任，企业及其主要负责人员均需承担不利的法律后果。

对于大多数刚建立合规计划的企业来说，企业合规的目的，是避免严格的行政监管和严厉的刑事处罚，以及可能产生的经济及声誉损失。一些企业领导人或高管在企业的日常经营管理活动中，有时会采取违法手段追求利益，这些行为会使企业涉嫌违法犯罪。若企业建立以防范合规风险、识别及应对违规事件为核心的合规管理体系，将增强企业内部人员的规范意识，企业的高管及员工就会形成一种依规经营的习惯，企业内部也会形成依法依规的良好氛围。

三、企业法律顾问如何在企业合规管理上发挥作用

企业法律顾问以法治能力建设为重点，协助企业领导人正确执行国家法律法规，对企业重大经营决策提出法律意见，全面提升管理者依法经营管理水平。企业重大经营决策直接关系到企业的成败得失，除了要在经济上、技术上可行，还必须在法律上可行，注重合法性。企业法律顾问以依法合规为前提，对企业重大经营决策从法律的角度进行可行性分析论证，从企业管理实际出发，提出具体意见及建议，确保企业合法权益能够得以实现。

（一）公司治理与公司章程

公司治理在某种意义上就是公司法人治理结构。法人治理结构是公司制的核心，是明确划分股东大会、董事会、监事会和经理层之间权利、义务和责任及各主体间相互制衡关系的一套制度安排。公司治理法律实务是企业合规管理的基础，是企业法律顾问的核心业务范畴，良好的公司治理，有利于减少公司代理成本，保护股东和投资者的利益，有助于通过提高投资者的信

心来吸引资本投资，促进企业经营目标的实现。企业法律顾问在参与公司治理时，需处理好公司出资人、经营者、管理者、监督者之间的法律关系，依照公司法的相关规定，结合公司的实际情况，规范股东大会、董事会、监事会、经理层的权利与义务，职责与分工，形成权责明确、各司其职的良好公司氛围。

企业法律顾问负责起草或审核公司章程、规章制度等规范性文件或法律文书。公司章程是公司的“宪法”，它对公司、股东、董事、监事、高级管理人员均具有约束力，是公司组织及行为的基本准则。公司章程是公司设立的要件之一，全面指导公司行为，是向其成员表明信用、向外表明商誉的证明，是政府对公司管理的重要依据。企业法律顾问在编制公司章程时，需严格遵守公司法、证券法及相关法律开展编制工作，确保公司章程符合要式性和法定性的基本原则，明确绝对必要记载事项、任意记载事项、相对必要记载事项。公司章程具有自治性，每个公司都是独特的，企业法律顾问要充分分析与研究本公司的设立目的、所处行业、股权构成、资本规模、股权结构、经营范围、所处地区等不同特点，制定适合本公司组织及活动特点的具体规则。

（二）合同管理规划与合同管理

企业合同管理是企业经营管理的重要组成部分，也是企业法律顾问的重点工作之一。企业法律顾问组织企业建立健全合同规章制度，参与合同起草、审查、监督履行合同，妥善处理合同纠纷，有效规避企业法律风险。合同管理与企业其他经营管理一样，需要顶层设计，编制具有前瞻性、方向性、指导性的合同管理规划。企业法律顾问要深入调查研究，充分掌握企业科研、生产、销售等方面的现状，结合企业战略目标及发展方向，充分运用法律专业知识，提出企业合同管理整体规划方案。建立健全合同管理规章制度，是保障合同管理规划落地的有力措施。企业需编制合同管理体系，建立合同归档管理、合同分类管理及合同审查等一系列合同管理制度，保障企业合同管理的规范化。合同管理贯穿企业生产、销售、财务、科研、人事等生产经营管理的每一个环节，合同文本的起草是合同签订、履行及争议解决的基础，更是防范合同法律风险的基础。企业法律顾问依据相关法律规定，结合企业实际交易情况，对合同文本严格把关，通过合同审查，发现合同中存在的潜在风险，减少和避免履行合同过程中产生不必要的分歧，提高合同履约率，确保企业签订的合同选择最佳方式、取得预期效益、实现合同目的。

（三）非诉法律纠纷与涉诉案件处理

企业法律顾问处理企业法律纠纷，办理非诉法律事务时，宜采取谈判和协商等方式，在合法合规的前提下以谋求企业利益最大化为基本原则，主动将法律纠纷管理置于企业发展战略目标之中进行考量，采取措施降低企业经济损失。非诉法律纠纷不能单纯考虑案件的胜败，而应立足于企业的发展全局，避免出现赢了官司、输了市场份额或供应链等情况出现。企业法律顾问还应对纠纷的产生原因和处理过程进行评析，总结经验教训，提出整改建议，帮助企业提升经营管理水平。

企业法律顾问在代理诉讼案件时，应深入分析案情，明确是否存在诉讼时效抗辩以及管辖权问题，当对案件管辖权存在异议时，应在提交答辩状期间提出，避免企业权益受损。合理利用诉前财产保全与诉前证据保全等诉讼策略，最大限度地保证企业合法权益。企业法律顾问应在坚持客观、真实原则的前提下，依法查阅涉案相关文件资料，依法向有关单位和个人调查取证，收集、整理案件相关证据材料。企业法律顾问起草答辩状、起诉状等法律文书时，应按照诉讼程序如期参加应诉及答辩，及时处理法律事务，将企业法律风险降至最低。

（四）企业知识产权战略管理与知识产权保护

现代企业间的竞争，就是知识产权的竞争，我国很多企业已经把知识产权保护列入企业战略管理的一部分。企业知识产权战略以提高企业核心竞争力为目标，通过不断提高运用知识产权制度的能力和水平大幅提高企业知识产权创造、管理、实施和保护的综合能力，实现企业的可持续发展和利益最大化。在商标、专利、著作权以及商业秘密等知识产权保护方面，企业法律顾问有效运用知识产权法律体系及国际知识产权保护框架，保护企业已有知识产权，维护企业的合法权益。企业充分利用好知识产权战略规划，通过不断提高运用知识产权法规的水平，提升知识产权保护和创造的能力，提升企业知识产权综合管理能力，实现企业可持续、健康、高速发展。

四、结语

合规管理是现代企业管理的有机组成部分，企业依法建立健全各项规章制度，不断完善法人治理结构，将日常生产经营和管理活动纳入法治化轨道上来，完善企业治理体系，防范各种法律风险，才能保证企业健康、可持续、快速发展。企业法律顾问制度是现代企业制度的重要组成部分，企业法律顾问是现代企业法治建设的生力军。建立和实施现代企业法律顾问制度，能有效提升企业法律管理水平，提高企业整体素质和市场竞争力，保障企业依法经营决策，推动企业改革与发展。

针对非国家工作人员受贿情形的合规建议

刘宗宜 杨舒涵①

摘要：随着经济全球化和市场经济的深入发展，非国家工作人员受贿行为对企业和社会的负面影响日益凸显。本文旨在探讨非国家工作人员受贿行为的特征、刑事责任及该行为对企业合规管理的影响，最后提出相应的合规建议，包括但不限于：加强企业内部控制制度建设，明确员工行为准则；开展定期的法律合规培训，提高员工的法律意识；建立有效的监督机制，及时发现和处理潜在的违法行为；在必要时寻求专业法律咨询，确保企业决策和行为的合法性。本文最后强调了企业在预防和打击非国家工作人员受贿行为中的社会责任，呼吁企业、政府和社会三方共同努力，构建一个廉洁、公平、有序的商业环境。

关键词：非国家工作人员受贿 刑事责任 企业合规 法律风险

一、非国家工作人员受贿数据分析

笔者通过对中国裁判文书网公开的非国家工作人员受贿案件的判决书进行分析和研判，得出非国家工作人员受贿案件具有如下特点。

（一）非国家工作人员受贿在经济领域具有多发性

从地区上看，经济越发达的地区其发生受贿的条件就越充足，案发的概

① 刘宗宜：澳门科技大学刑法学硕士；杨舒涵：澳门科技大学民商法硕士。

率也会更大。从行业上看，受贿现象几乎在每个行业中都有出现，其中，一些权力集中、资金富集、竞争激烈、利润丰厚、资源紧缺的医疗、教育、证券、制造等是发案的热点行业。从部门来看，非国家工作人员受贿在企业内部的一些核心部门、权力部门呈现易发多发的趋势。从发案环节来看，非国家工作人员受贿在项目的开始阶段和结束阶段较为易发多发。

（二）非国家工作人员受贿的手段具有强隐蔽性

受贿主体为了掩盖事实、逃避调查、对抗追究，其收受贿赂时大多数都与行贿方进行单独联系，行贿方与受贿方既可能是内部勾结也可能是内外勾结，具有繁多的犯罪手段和多样的犯罪形式。[①] 在现实生活中，作为贿赂的财物往往被冠以其他正当名义或者以暗中给予回扣的方式送与受贿者。除了传统的账外暗中给予"回扣"，近年来逐渐出现了被冠以"劳务费""咨询费""手续费""外出考察费""研讨会赞助费"等的贿赂手段，其借用合法之名来行非法之实，给此类案件的侦破带来了很大的困难。此外，在非国家工作人员受贿犯罪案件中，由于没有直接的受害者，故被直接告发的情况较少，行贿方与受贿方往往互相包庇，除非双方关系恶化或者其他原因，否则该类案件不容易被查处。[②]

（三）非国家工作人员受贿的犯罪主体具有关联性、多元性

行贿人为达到不正当目的，往往需要疏通一个单位或一个行业的各个环节、各个部门。在长期的交易过程中，犯罪主体之间的利益关系日渐牢固，形成了稳定的利益分配体系。在受贿者长期任职过程中，其往往也需要向上一级的领导或者监管部门进行行贿，这也是导致该类犯罪的窝案、串案现象十分严重的原因之一。[③]

---

① 刘申时：《商业贿赂犯罪案件特点及侦查对策》，载《四川警察学院学报》2013 年第 5 期。

② 杨月斌、陈国坤：《商业贿赂犯罪的动态特征与发展趋势》，载《廉政文化研究》2012 年第 1 期。

③ 张楠、刘绍松：《商业贿赂型经济犯罪侦查对策探析》，载《法制与社会》2015 年第 1 期。

二、非国家工作人员受贿对企业的影响

就外部而言，受贿的过程中无疑会给企业带来各种各样的潜在的经营风险与安全隐患；就内部而言，受贿行为必然会影响企业内部运行的效率与行政公信力。

（一）民商事方面的影响

首先，非国家工作人员受贿干扰了市场的资源配置模式，有可能导致市场失灵；其次，行贿人与受贿人之间相互勾结，以金钱获取特权进而获得不正当收益，增加了企业的经营成本；最后，基于贿赂行为下实施的法律行为的效力往往存在效力瑕疵，可能干扰企业正常的生产经营活动。

（二）刑事方面的影响

首先，由于非国家工作人员受贿的犯罪主体具有关联性、多元性，因此，对于受贿方而言，即使是个人受贿也可能导致企业陷入单位受贿罪的风险；其次，由于市场配置失灵，可能会致使企业以假充真，以次充好，以不合格产品冒充合格产品，最终造成质量安全风险，致使企业犯生产、销售伪劣商品罪。

（三）行政方面的影响

首先，行贿与受贿行为会影响企业的商业信用与商品声誉，致使监管部门加强对企业的监管；其次，非国家工作人员受贿后会致使企业的产品以假充真，以次充好，致使流入市场的产品不符合质量要求，从而面临高额的行政处罚。

三、企业应对非国家工作人员受贿的合规措施

（一）基本案情

Y 企业业务员王某某为了在 H 企业采购中获得照顾，向 H 企业采购员

刘某甲陆续支付好处费25万元，并在刘某甲的暗示下向H企业技术总监陈某行贿24万余元。由王某某通过企业采购流程与A企业签订采购合同，将资金转入A企业账户，A企业将相关费用扣除后，将剩余的资金转入陈某指定的账户中。Y企业副总裁刘某乙、财务总监林某某，对相关款项进行审核后，王某某从企业领取行贿款项实施行贿。深圳市南山区人民法院以非国家工作人员受贿罪判处被告人刘某甲有期徒刑6个月，判处被告人陈某拘役5个月。

（二）企业合规整改措施

1. 建立企业内部合规管理组织体系

就企业内部要素而言，企业需要清晰地了解企业自身发展现状，包括企业文化、企业的经营战略与业务模式、业务性质和业务范围、企业自身内部的组织架构、管理政策、现有资源以及与合作第三方的关系。在企业合规过程中，可实行领导负责制，由企业的法定代表人作为企业合规第一责任人，积极推动各项合规管理工作。

2. 深入贯彻良好的合规文化

作为合规体系建设的灵魂，企业需将合规文化作为一种价值观和经营理念，贯穿于企业运营管理过程的每一个环节，树立人人合规、主动合规、全过程合规的文化。具体而言，首先，企业应当正向引导，树立合规文化标杆；其次，企业应当反向警示，筑牢思想意识防线；再次，企业应当奖惩并用，重塑合规管理框架；最后，企业应当通过全员行为营造合规文化氛围。

3. 针对企业主要业务开展合规风险排查

企业需要聘请专业律师，结合企业的业务模式、行业特点和法律法规，联合法务部门对合规外部义务进行梳理和识别，对采购管理、销售管理、招标管理、资产管理等基础和一般经营活动单位进行全面合规风险调查。对于调查发现的合规风险缺陷，要根据专业机构的意见，制定或完善各业务单位的制度，优化业务流程和配套形式，开展全面的合规整改。

具体而言，针对本案的采购业务与销售业务，企业可以通过严格控制企业预算占比、建立企业采购申请制度、建立供应商评价机制和采购招标机制、明确企业定价政策、加强对供应商资质的筛选及与部门共同制订销售计划等措施来开展全方位、多角度的合规。

4. 重点强化涉案行为的业务合规改造

企业需建立反舞弊检举举报机制与反舞弊合规举报制度，设立违规举报平台，公开企业合规负责人的职责、畅通举报渠道。针对举报人不敢举报、证人不愿作证等情况，企业应当开拓安全高效的举报方法，保护举报人的隐私信息。同时，身处受贿案件之中的特殊证人，如果积极主动地坦白或者因提供重要线索而立功，可以视案件具体情况对其从轻、减轻或者免除处罚。

5. 完善企业外部第三方机构监督检查的机制体系

企业内部在确保合规目标实现的同时，也有必要聘请社会认可的各行业领域专家或团体组成的第三方机构，对企业现有的合规体系及合规风险管理的有效性进行评估，并出具评估报告，以指导企业提升或改进合规管理工作。

第二部分

企业股东和股权问题

中小企业股权架构设计与税务筹划

张　扬[①]

摘要： 自然人直接持股公司，在日后公司分红时，股东需要缴纳个人所得税；而如果通过其他变通方式持股，情况则可能有所不同。做好股权架构的设计，可以在保障股东控制权的同时实现良好的税务筹划。

关键词： 中小企业　股权架构　分红　税务

一、股东必知

对中小企业来说，持股主体的比例差异会在企业经营过程中产生不同的税务负担。现实中，许多企业主、股东在设计股权架构时往往只考虑公司控制权的问题而忽视税务筹划，从而导致后期需支出较大的税务成本。

二、以案说法[②]

某化工企业的实际控制人就拓展商业版图（新设公司等）计划，向笔者咨询其中有关股权架构设计与税务筹划的问题。

经过笔者了解，该化工企业以及其关联企业均由自然人股东控股，该化

① 张扬：广东广悦律师事务所高级合伙人。

② 本案例为作者在某些真实案例的基础上，为说明法律问题，编辑、加工而成。

工企业实际控制人计划在华东等地区新设公司拓展业务，让自然人股东直接出资设立新公司并非首选，原因在于自然人股东从新设公司分红时，需要缴纳20%的个人所得税（利息股息红利所得），且新设公司会成为扣缴义务人，这意味着公司在年度分红时必须先为自然人股东申报并缴纳个人所得税。

三、律师评析

根据《企业所得税法》的规定，如公司作为法人股东，取得的被投资企业的分红无须缴纳企业所得税。如果该化工企业新设公司是为了长期经营，公司法人股东获取红利后可再投资而免交企业所得税，那么律师就应建议该化工企业在新设公司采用原公司法人持股的出资方式，而非由自然人股东出资成立新公司。

例如，若A有限责任公司的原有自然人股东出资新设立B有限责任公司，则日后从B有限责任公司分红的时候需要缴纳20%的个人所得税。如图1所示：

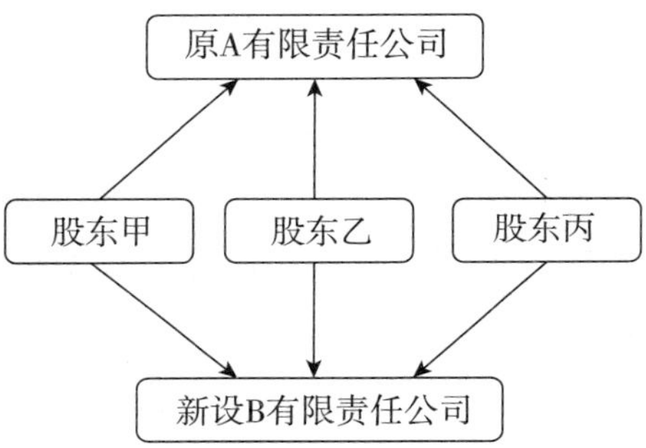

图1：以自然人股东出资设立方式

若以原有的A有限责任公司作为投资主体，直接投资新设立B有限责任公司，原有的A有限责任公司作为法人股东，从B有限责任公司分红无须缴纳企业所得税，该方法优化了分红获得渠道，有利于A公司再投资规划。如图2所示：

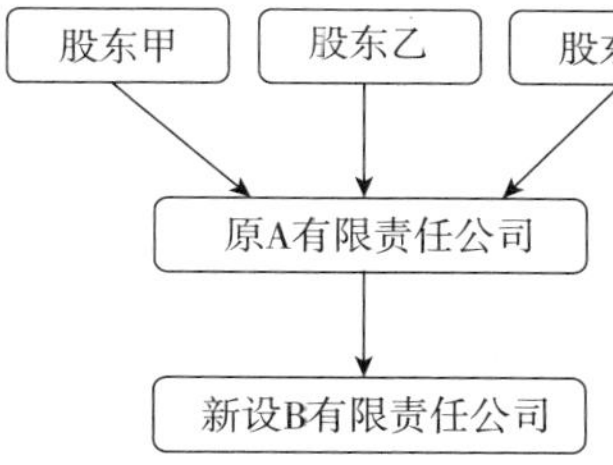

图 2：以原有限责任公司出资设立方式

该企业经营范围均与化工有关，由于化工原料和化工制品制造业的产业链上下游联系紧密，若其中一个环节发生断层（包括但并不限于化工原料供应不足、化工工厂制造业停摆等意外事件），则会降低企业的运营效益，最终影响股东分红收益。根据以上的分析和化工原料企业的需求，笔者在做股权架构设计时，建议由企业的自然人股东设立有限责任公司作为控股主体（母公司），化工原料企业（原设立的实体企业）与控股公司（母公司）投资新设的企业作为子公司，形成“母—子”公司的扇形架构。

这样的股权架构可以实现企业法人对子公司的控制权，且根据《企业所得税法》相关规定，控股公司作为控股股东从持股的新设公司分回的股息、红利权益性投资收益免征企业所得税，比自然人直接架构下的自然人股东从持股的新公司分回的权益性投资收益节约 20% 的个人所得税，可见该种“母—子”公司的扇形架构也能达到利润分红后税负优化以及融通资金等目的。如图 3 所示：

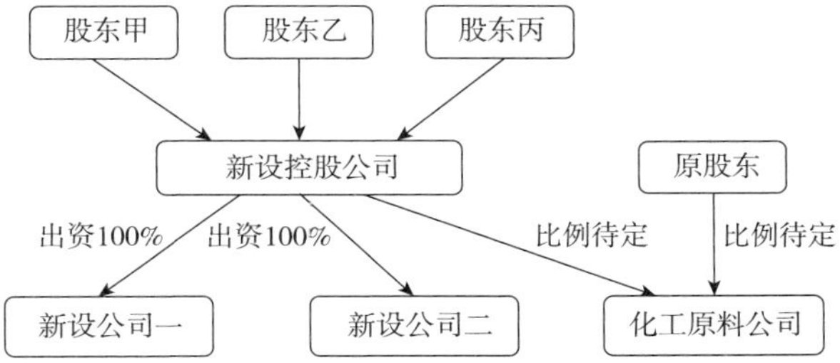

图 3：“母—子”公司的扇形架构

四、律师建议

中小企业股东通过获得分红实现盈利，这是股东作为投资者的目的与股权持有价值的体现。因此，股东在投资设立公司之初，就应该充分考虑投资分红的税负成本。持股方式不同，投资分红的税负成本也不同。而现实中，很多股东通常会忽视股权架构的前期设计，认为目前自己经营的企业规模尚小无须考虑股权架构设计等问题，但随着企业的经营发展、产业延伸，一些潜在的问题就开始慢慢显现出来，比如公司重大事项的决策、股东个人税收等问题。这时候为了解决问题再重新考虑找律师等专业人士提供解决方案，必然产生较大的时间和金钱成本，需要付出巨大的代价。

股东知情权中查账权的行使与公司应对

张 扬 李梓琪[①]

摘要：“股东知情权”主要是指公司股东了解公司信息的权利，是股东重要的权利之一。2023年《公司法》修订对于“股东知情权”的行使方式、范围等作出了修改。本文旨在说明在新《公司法》实施后股东行使“股东知情权”的目的、方式、范围的变化，以及企业针对前述变化应如何应对“股东知情权”诉讼。

关键词：股东知情权 会计账簿 会计凭证

一、股东必知

《公司法》第57条规定：“股东有权查阅、复制公司章程、股东名册、股东会会议记录、董事会会议决议、监事会会议决议和财务会计报告。股东可以要求查阅公司会计账簿、会计凭证。股东要求查阅公司会计账簿、会计凭证的，应当向公司提出书面请求，说明目的。公司有合理根据认为股东查阅会计账簿、会计凭证有不正当目的，可能损害公司合法利益的，可以拒绝提供查阅，并应当自股东提出书面请求之日起十五日内书面答复股东并说明理由。公司拒绝提供查阅的，股东可以向人民法院提起诉讼。股东查阅前款

---

① 张扬：广州广悦律师事务所高级合伙人；李梓琪：广东广悦律师事务所律师。

规定的材料，可以委托会计师事务所、律师事务所等中介机构进行。股东及其委托的会计师事务所、律师事务所等中介机构查阅、复制有关材料，应当遵守有关保护国家秘密、商业秘密、个人隐私、个人信息等法律、行政法规的规定。股东要求查阅、复制公司全资子公司相关材料的，适用前四款的规定。”

首先，根据《公司法》的规定，股东可查阅、复制的材料范围新增了股东名册，可查阅范围也新增了“会计凭证”，意味着日后股东行使“股东知情权”可以更全面地掌握同为公司股东的其他人的身份情况以及出资情况，同时也解决了原《公司法》没有明确“会计凭证”是否属于可查阅范围引起的争议。

其次，《公司法》直接明确了在遵守有关保护国家秘密、商业秘密、个人隐私、个人信息等法律、行政法规的规定的前提下，股东行使“股东知情权”可以委托会计师事务所、律师事务所等中介机构进行，不再要求股东在场或由股东进行主要查阅，为股东行使“股东知情权”提供了更为便捷的方式，且更能确保“股东知情权”的合理行使。

最后，根据《公司法》的规定，股东行使“股东知情权”可查阅、复制的范围新增了公司全资子公司，解决了目前股东因间接持股无法了解全资子公司经营情况，从而影响其在母公司行使股东权利的相关问题，更方便母公司股东了解母公司及其全资子公司的经营情况，避免了通过全资子公司转移母公司财产导致侵犯母公司股东合法权益的情形。

除此之外，对于股东要求查阅公司会计账簿的，《公司法》均明确要求应当向公司提出书面请求，说明目的。如公司有合理根据认为股东查阅会计账簿有不正当目的，可能损害公司合法利益，可以拒绝提供查阅，并应当自股东提出书面请求之日起 15 日内书面答复股东并说明理由。即如果公司可以证明股东查阅公司会计账簿具有损害公司合法利益的不正当目的，可拒绝提供会计账簿给股东查阅，反之则不可拒绝。所以，证明“股东查阅会计账簿具有不正当目的”成为公司在股东知情权诉讼中制胜的关键。

二、以案说法

（一）股东有权查阅公司会计账簿行使股东知情权

1. 案情简介①

A 公司股东为李某、何某和 B 公司，李某是公司的法定代表人，同时也是执行董事。A 公司的公司章程约定：“股东有查阅股东会议记录和财务会计报告、监督公司经营的权利。”

2015 年 2 月，股东何某、B 公司致函 A 公司和李某，称公司项目工程的结算情况、公司经营的盈余亏损情况、股东筹措资金的使用及流动去向情况、公司抵押借款及还款情况、公司今后的经营发展计划等，都成为“未知数”，要求 A 公司及时提供自公司成立至今的财务资料供查阅、复制。

A 公司认为，何某、B 公司股东行使法律规定的股东知情权范围并非完全不受限制，鉴于公司部分财务资料涉及商业、经营秘密且不宜对外扩散、泄露，故要求何某、B 公司查阅时如有外聘财务人员，需持有 B 公司股东的授权委托书且注明其工作单位、本人和单位联系电话、身份证复印件，以防止外人出于不正当目的利用或故意扩散、泄露公司商业、经营秘密。

2015 年 4 月，何某、B 公司的法定代表人夏某等人到 A 公司查阅公司相关资料。查阅过程中，因 A 公司不接待何某和 B 公司的财务人员、律师查阅财务资料，双方产生争议，A 公司终止了本次查阅。何某、B 公司于 2015 年 5 月为行使股东知情权向法院提起诉讼。

---

① 本案例为作者在某些真实案例基础上，为说明法律问题，编辑、加工而成。

2. 律师评析

（1）关于何某、B 公司是否有权提起本案知情权诉讼的问题。第一，《公司法》在确立股东享有此项知情权内容的同时并未限制股东以诉讼方式实现其查阅、复制上述资料的权利。第二，现无证据证明何某、B 公司已完整地查阅了公司的会计账簿、财务会计报告，故何某、B 公司未能完整实现该项股东知情权，其通过诉讼途径明确知情权的行使方式和行使范围，符合法定条件。

（2）关于何某、B 公司行使股东知情权的范围和方式的问题。首先，《公司法》明确规定股东可以要求查阅公司会计账簿。会计账簿和会计凭证为并列关系，会计凭证与原始凭证为包含关系。《公司法》没有规定股东有权查阅会计凭证，且 A 公司章程并未对股东查阅原始会计凭证、原始银行流水记录进行约定，何某、B 公司要求查阅与会计账簿相关的原始会计凭证、银行流水记录，缺乏依据。

（3）关于何某、B 公司是否可以委托具有注册会计师资质的会计师或会计师事务所代为查阅相应资料的问题，因法律对股东行使查阅、复制权的方式并未作出限制性规定，按照常理，股东并非具备专业财会知识的人员，如果限制股东委托专业人员查阅公司财务资料，则无法满足股东通过行使知情权以了解公司财务状况和经营状况的根本目的。因此，在完善授权委托手续、股东和相关受托人确保承担保密义务的前提下，A 公司应当准许何某、B 公司委托、携带专业会计人员共同行使其查阅权。

故，法院判决 A 公司将该公司自成立之日起至 2015 年 5 月止的公司会计账簿（包括总账、明细账、日记账和其他辅助性账簿）提供给何某、B 公司查阅。

（二）股东起诉要求查阅会计账簿，视为向公司提出申请

1. 案情简介[①]

刘某和屈某是某电器厂的其中两位股东。2006 年 1 月，刘某和屈某向法院提起诉讼要求查阅自 2002 年起公司的财务资料（包括财务会计报告、会计账簿、原始凭证、销售发票），他们认为公司财务报表中所记载的部分数据与实际经营状况严重不符。电器厂认为，刘某和屈某没有根据法律规定的程序提出申请，因此拒绝两人的查阅申请。电器厂在法庭上并没有说明拒绝两人查阅的理由和提交相应证据证明。

2. 律师评析

股东要求查阅公司会计账簿的，应当向公司提出书面申请，说明目的。公司有合理依据认为股东查阅公司会计账簿有不正当目的，可能损害公司合法利益的，可以拒绝提供查阅，并应当自股东提出书面请求之日起 15 日内书面答复股东并说明理由。该规定的实质在于给予股东和公司以均衡的权利，在保护股东知情权的同时，给予公司相应的抗辩权。

刘某、屈某在起诉前没有通过书面形式向电器厂申请，要求查阅该公司的会计报告和会计账簿等财务资料，现刘某、屈某的起诉可视为已经向电器厂提出了书面申请。电器厂在接收起诉状后，在合理的时间内没有向刘某、屈某以“合理的拒绝理由”作出书面答复，同时没有提供财务资料给刘某、屈某。

如果要求刘某、屈某重新提出书面要求，则势必会造成累讼及司法资源的浪费。

由于电器厂并未对拒绝刘某、屈某要求的理由给予合理的答复，故法院认定电器厂应向刘某、屈某提供财务账簿以供查阅。又基于刘某、屈某并没

① 本案例为作者在某些真实案例基础上，为说明法律问题，编辑、加工而成。

有按照《公司法》规定的程序行使其相应的知情权，而造成本案的诉讼，诉讼费由刘某、屈某承担。

（三）股东可以要求查阅公司会计账簿、会计凭证

1. 案情简介[①]

刘某在某设计公司任给排水专业工程师，早年因工作出色，公司决定奖励其持有公司股权的2%。

几年后，刘某因与公司其他股东不和，从公司离职，但离职时并未对其所持有的公司股权进行处理。离职后，刘某认为公司欠发其在职期间的提成，且认为公司欠发提成的原因是公司未向其明确计算提成所依据的合同对应公司的实际收款情况，于是刘某提起劳动仲裁。

劳动争议案件处理期间，刘某以其股东身份，提起了股东知情权诉讼，要求查阅公司2016年6月26日至2021年6月30日的公司会计账簿、股东会决议、财务会计报告等资料，希望能通过查阅公司资料找到对自己劳动案件有利的证据。

2. 律师评析

（1）根据《会计法》第9条第1款、第14条第1款、第15条的规定，会计账簿是以会计凭证为依据编制，会计凭证包括原始凭证和记账凭证。关于查阅会计凭证的问题，会计凭证是制作会计账簿的基础，会计账簿是根据会计准则对会计凭证进行综合形成的结果，故会计凭证和会计账簿在内容上具有对应性，二者是对公司同一经营活动过程的两种不同的表现形式。如公司严格按照会计准则制作会计账簿，二者在内容上不应有本质区别。但相对而言，会计凭证作为公司经营活动过程中形成的原始资料，更为客观。因而，允许股东查阅会计凭证，不会给公司造成重大的利

① 本案例为作者在某些真实案例基础上，为说明法律问题，编辑、加工而成。

益损害，反而有利于股东核验会计账簿的真实性和完整性，有利于保障股东知情权的实现，避免立法目的落空。在此限度内，公司负有容忍和配合义务。

（2）公司将2016年6月26日至2021年6月30日的公司章程、股东会会议记录、董事会会议决议和财务会计报告（含会计报表、会计报表附注、财务情况说明书、资产负债表、损益表、财务状况变动表、利润分配表）置备于登记住所地，供刘某及其委托的执业律师、会计师查阅，并供刘某复制，查阅、复制时间为自查阅、复制之日起不超过15个工作日。

（3）公司将2016年6月26日至2021年6月30日的会计账簿（含总账、明细账、日记账和其他辅助性账簿）和会计凭证（含原始凭证、记账凭证及作为原始凭证附件入账备查的有关资料）置备于公司登记住所地，供刘某及其委托的执业律师、会计师查阅，查阅时间为自查阅之日起不超过15个工作日。

三、律师建议

1. 公司章程或者全体股东没有特殊约定的情况下，公司可以提供证据证明股东自营或者为他人经营与公司主营业务有实质性竞争关系业务的，应当认定股东查阅会计账簿、会计凭证具有不正当目的。

一般是指证明股东自身所经营的业务，既包括股东本身所从事的业务，也包括股东投资的其他公司所从事的业务，或者帮助公司的竞争者或第三方经营的业务与公司之间存在利益冲突。实践中，一般通过比对两家公司的经营范围是否存在交叉重叠，以及两家公司面对的客户群体是否一致进行判断。若前述两者皆一致，除非公司章程或者全体股东存在特殊约定，否则股东查阅会计账簿、会计凭证大概率会被认定为存在不正当目的，则公司有权拒绝其查阅。

2. 公司若可以提供证据证明股东为了向他人通报有关信息而查阅公司会计账簿、会计凭证且可能损害公司合法利益，或3年内曾通过查阅会计账簿、会计凭证损害公司利益的，则公司有权拒绝股东查阅会计账簿、会计凭证。

因为“会计账簿”是对公司全部经济业务进行全面、系统、连续、分类的记录和核算的簿籍，所以“会计账簿”的内容如泄露给竞争者或第三方，容易给公司造成严重损害。因此，若公司可以提供证据证明股东有前述行为，则公司有权拒绝股东查询会计账簿。此规定有效避免有“前车之鉴”的股东通过滥用股东知情权损害公司利益。

3. 会计账簿、会计凭证的查阅可能涉及原始凭证和记账凭证的查阅，因原始凭证和记账凭证具有不可再生性，因此，即便允许股东查阅会计账簿、会计凭证，公司也有权监督其查阅会计账簿、会计凭证的过程，且有权制止股东对会计账簿、会计凭证进行查阅以外的行为，包括但不限于复制、翻拍会计账簿、会计凭证等。

《公司法》规定“股东知情权”旨在维护公司股东了解公司信息的权利，而非允许股东利用合法权利谋取不正当利益，即便允许股东查阅会计账簿、会计凭证，也只是为了让股东了解公司的财务状况，所以股东是无权在查阅过程中对会计账簿进行复制、翻拍的，因此，公司在执行让股东查阅会计账簿、会计凭证的过程中有权制止股东超出查阅范围以外的行为。如发现股东确实通过查阅会计账簿、会计凭证为自身谋取不正当利益，应通过拍照、录像等方式固定证据，再以股东查阅会计账簿、会计凭证具有不正当目的为由拒绝其查阅。

股东要求行使股东知情权，需要根据法律规定的程序提出申请，当公司违反法定程序时，股东方可以向法院起诉主张权利。对于股东没有按照程序要求向公司提出知情权要求而直接向法院起诉的情况，目前有很多法院会以提起诉讼即视为向公司主张行使知情权且避免诉累为由，认定股东行使知情权的程序有效。但也还是会有法院认为股东没有在诉前行使法定程序而判其败诉。鉴于此，建议股东在诉前还是尽量完全依据法律的规定和程序来做，实在迫不得已且情况紧急需要直接起诉的，为避免败诉，也应尽量向法院提交相关认定“股东起诉即视为提起行使知情权”的案例以争取法官的支持。

董事须对全资子公司承担忠实勤勉义务

张 扬 陈雪儿[①]

摘要：本文主要讨论了公司董事对全资子公司承担忠实勤勉义务的问题。虽然2023年修订的《公司法》并未直接以法律条文的方式明确公司董事的义务范围，但我们通过新增的双重股东代位诉讼制度及最高人民法院的裁判观点，仍能看出法律层面对母公司与全资子公司之间一定程度的权利义务延伸与互通的认可。因此，公司董事在履行职责时要更加谨慎，确保自身行为不会对母公司及全资子公司的利益造成损害，避免被双重股东追责。

关键词：董事 母公司 全资子公司 忠实勤勉义务

在现行《公司法》的框架下，董事、监事及高级管理人员肩负着特定的忠实勤勉义务。忠实义务要求他们忠诚地履行公司职责，不得利用自己的权利做出有损公司利益、为自己或第三人牟利之事。而勤勉义务则强调他们在管理公司事务时应当尽职尽责、勤勉谨慎，保护公司利益不受到损失。具体而言，《公司法》第180条第1款和第2款规定："董事、监事、高级管理人员对公司负有忠实义务，应当采取措施避免自身利益与公司利益冲突，不得利用职权牟取不正当利益。董事、监事、高级管理人员对公

---

① 张扬：广东广悦律师事务所高级合伙人；陈雪儿：广东广悦律师事务所实习人员。

司负有勤勉义务，执行职务应当为公司的最大利益尽到管理者通常应有的合理注意。”

2024 年 7 月 1 日正式施行的新《公司法》在多方面对董事的权利义务进行了重要的修订与扩展。特别值得关注的是，在忠实勤勉义务方面，新法不仅强调了母公司的责任，更引发了业界对这一义务是否应延伸至全资或控股子公司的广泛讨论。这一变化无疑将对公司的治理结构、决策机制及风险控制产生深远影响。

一、案情简介①

李某是 A 公司的董事，A 公司是 B 公司的全资股东。

2022 年 1 月，B 公司获得了和 C 机构的商业合作机会，一起运营网络医院的项目。而在 2022 年 11 月，C 机构以已与 D 公司签订了上述项目合作协议为由，终止了与 B 公司的合作。

经查，李某是 D 公司的实际控制人。A 公司与 B 公司认为李某非法获取了 B 公司的商业机会，违反了董事的忠实义务，应当承担赔偿责任，案件诉至法院。

李某认为，自己仅是 A 公司的董事，对 B 公司不需要承担忠实义务，无须承担赔偿责任。

---

① 本案例为作者在某些真实案例基础上，为说明法律问题，编辑、加工而成。

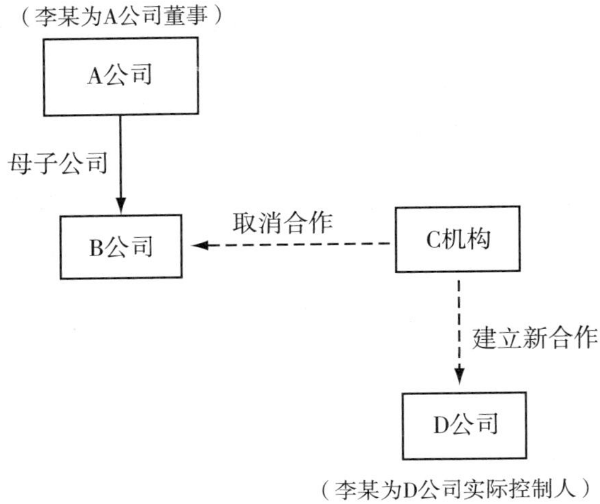

图 1：案情概要

二、裁判观点

李某未经 A 公司股东会同意，另行操控 D 公司与 C 机构合作的网络医院项目，非法获取了本属于 B 公司的商业机会，损害了 B 公司及其母公司 A 公司的利益。据此，法院判决认定李某违反了对 A 公司和 B 公司所负忠实义务和竞业禁止义务。

公司法设置忠实义务的立法目的在于保障公司和其他股东的合法权益，而公司与其控股公司在利益上具有显著的一致性。也即，只有董事的忠实义务延伸至公司的全资子公司、控股公司等，才能真正实现对公司与其他股东权益保护的立法目的。

因此在本案中，李某对 A 公司所负的忠实义务和竞业禁止义务应自然延伸至 A 公司的子公司即 B 公司。

三、风险提示

2023 年修订的《公司法》虽未直接明确董事的义务范围延伸至全资子

公司，但规定了“双重股东代位诉讼制度”，即母公司的股东可以在全资子公司利益受到损害，但子公司自身无法通过诉讼对相关董事、监事、高级管理人员或其他人员进行追责时，可直接依据法定程序代表全资子公司提起股东代位诉讼。虽然该修订仅以全资控股母子公司为制度适用对象，并未明确其他情况下的子公司均可适用，但新《公司法》在原股东代位诉讼的基础上，赋予了母公司代表权利，实质上认可了母公司与全资子公司之间一定程度上的权利义务的延伸与互通。从法条层面拓宽了股东代位诉讼的主体范围，间接对公司董事义务提出了更高的要求，只要母公司董事、监事、高级管理人员损害了全资子公司的利益，就可能受到双重股东的责任追责。

综上，新的法律规定构建了更加完善的公司治理框架，能够保护子公司的利益并促进母公司与子公司之间的良好合作关系。无论是新修订的《公司法》立法精神还是最高人民法院的裁判观点，均认可董事的忠实勤勉义务不仅限于所任职公司，还延伸至公司的子公司，这意味着公司董事必须更加谨慎地履行职责，确保不会对全资子公司的利益造成损害，并时刻意识到自身双重责任的担当。

漫谈股东如何提起解散公司之诉

张豫侃[①]

摘要：解散公司之诉是持有一定比例股份的股东作为原告，公司作为被告，其他股东为第三人，主要由公司住所地或注册地的基层人民法院受理的诉讼。但如果公司已被吊销营业执照但尚未被清算，意味着公司已经解散，股东不应向人民法院提起诉讼。股东请求解散并请求进行清算不应被支持，二者属不同程序，且清算属解散公司之后果。请求解散公司之诉的理由，一为公司股东会、董事会等机构运行出现持续性的严重困难；二为股东会僵局；三为董事会僵局；四为经营管理发生其他严重困难，必须强调“经营管理”出现严重困难而非一般纠纷，且具备“当公司经营管理发生严重困难，继续存续会使股东利益受到重大损失时”的前置条件。人民法院应充分尊重当事人意愿，注重调解，谨慎作出解散公司判决。

关键词：股东提起　公司解散　典型案例　注重调解

天下无不散之筵席，公司亦不例外。公司解散的原因各不相同，可能是营业期限届满或完成公司成立时的目标，尽欢而散；也可能在发展中遇到同道者，合并而散；还可能是存在不当行为而遭行政处罚，被迫而散。

此外，《公司法》中有一种关于公司解散的规定，即股东可以请求人民

---

① 张豫侃：广州金鹏（黄埔）律师事务所主任。

法院解散公司，不欢而散。作为一种制度，它的真正价值在于当公司内部发生股东之间的纠纷，在采用其他处理手段尚不能平息矛盾时，赋予少数股东请求司法机关介入以终止投资合同、解散公司、恢复各方权利，最终使基于共同投资所产生的冲突得以解决的可选择的一种救济方式。本文拟就股东请求解散公司之诉作简要司法实务分析。

一、程序

（一）诉讼当事人的设置

1. 原告

原告为单独或者合计持有公司全部股东表决权10%以上的股东。

从立法本意出发，股东请求解散公司之诉的目的在于对股东利益的保护，即要求解散公司的股东与公司之间的利益联系达到一定程度，公司的解散须真实反映一定比例的股东的判断和意愿，因此设定了股东持股比例的要求。

2. 被告

股东请求解散公司之诉应当以公司为被告。

随着公司的成立，股东之间的设立协议关系已转为股东与公司之间的出资与被出资的关系，股东请求解散公司之诉为变更之诉，系变更两者上述关系，即该诉讼中要解决的是公司解散与否，无论结果如何，公司始终是该诉法律效果的直接对象，故公司应为被告。如果原告股东坚持以其他股东作为共同被告提起诉讼，法院应当行使释明权，告知原告将其他股东变更为第三人。如果原告坚持不变更，则属于起诉被告的主体不适格，法院应当裁定驳回原告对其他股东的起诉。即使原告不将其他股东变更为第三人，法院对于原告股东以公司为被告诉请解散公司的案件仍应当继续审理。

3. 其他诉讼参与人

公司的其他股东可作为共同原告或第三人。

由于股东请求解散公司之诉可能影响到公司其他股东的利益，若原告股东将其他股东作为共同被告提起该诉，如前所述，其他股东在该诉讼中并非适格被告，其仅可作为与案件处理结果有法律上利害关系的第三人参与诉讼。此外，基于股东之间的利益，股东提起该诉讼应当告知其他股东，或由人民法院通知其他股东参与诉讼，并视其他股东的实际意愿作为该诉讼的共同原告或第三人。

（二）管辖

1. 地域管辖

《最高人民法院关于适用〈中华人民共和国公司法〉若干问题的规定（二）》（以下简称《公司法司法解释（二）》）第 24 条第 1 款规定："解散公司诉讼案件和公司清算案件由公司住所地人民法院提起诉讼。公司住所地是指公司主要办事机构所在地。公司办事机构所在地不明确的，由其注册地人民法院管辖。"

笔者认为，提起公司解散诉讼首先应考虑在公司注册地人民法院起诉。如公司注册地在广州市天河区，应向广州市天河区人民法院提起诉讼；如公司注册地在广州市天河区，但实际办公地点为广州市南沙区，亦可向广州市南沙区人民法院提起公司解散诉讼。

2. 级别管辖

《公司法司法解释（二）》第 24 条第 2 款规定："基层人民法院管辖县、县级市或者区的公司登记机关核准登记公司的解散诉讼案件和公司清算案件；中级人民法院管辖地区、地级市以上的公司登记机关核准登记公司的解散诉讼案件和公司清算案件。"

笔者认为，提起公司解散诉讼案件，如公司在广州市天河区市场监督管理局登记注册，则应由广州市天河区人民法院管辖案件；如公司在广州市市场监督管理局登记注册，则应由广州市中级人民法院管辖案件。

（三）其他问题

1. 公司已经被吊销但尚未清算，股东诉请解散公司的，应如何处理

在司法实践中，往往会存在公司股东会决议解散公司或者公司被登记机关吊销营业执照时，因公司或相对方股东不组织进行清算，一方股东向人民法院起诉解散公司的情形，应如何处理呢？

笔者认为：上述情形不应向人民法院提起诉讼。一旦公司被决议解散或者吊销营业执照，就意味着公司已经解散，该公司只存在解散后的清算问题，当事人再诉请法院判令解散公司的，属于对公司的重复解散，也缺乏相应的诉权，其起诉会被依法驳回。

2. 同时起诉公司解散并请求进行清算的，应如何处理

根据《公司法》第 232 条的规定，清算是公司解散的法律后果。公司应当在解散事由出现之日起 15 日内成立清算组，开始清算。因公司在解散后，存在自行成立清算组的可能性。因此，如果法院直接受理原告股东的清算请求则无异于否定公司自行清算的可能性，有违“不告不理”的司法原则。再者，公司解散诉讼是通过诉讼程序作出，而公司强制清算类似于破产程序，属于非诉讼程序，二者无法兼容于一个司法程序。因此，在提起公司解散诉讼的同时不能提出清算请求。否则，法院对于清算请求会不予受理。

二、具体事由和受理条件

股东请求解散公司之诉的理由必须符合《公司法》第 231 条的规定：“公司经营管理发生严重困难，继续存续会使股东利益受到重大损失……”该事由既是人民法院受理股东请求解散公司之诉时形式审查的法律依据，亦是审理股东请求解散公司之诉时实体审查的法律依据。《公司法》第 231 条仅是对事由作原则性规定，《公司法司法解释（二）》对此进行了具体规定，使得股东请求解散公司之诉的适用更具可操作性。

（一）公司股东会、董事会等机构运行出现持续性的严重困难

公司作为法律拟制的法人，实际管理和经营主要依靠股东会、董事会等意思机构和执行机构的有效运行，它们就如公司的大脑和四肢，若发生了瘫痪，公司的经营管理往往会出现严重困难，陷入僵局。

（二）股东会僵局

一般情况下，仅因股东会僵局导致股东会无法召开或者无法达成有效决议时，才构成请求公司解散的事由。上述司法解释主要从“无法召开”和“无法达成有效决议”予以规定。

1. 公司持续两年以上无法召开股东会：“无法召开”是指应当召开而不能召开，主要表现为“无人召集”或“召集后无股东出席会议”两种情形。

2. 公司持续两年以上不能作出有效的股东会决议：“不能作出有效决议”主要表现为以下几点：

（1）不同股东派别各持50%表决权，在相互不配合的情况下，使得决议均不能达到出席股东“过半数”的表决权；

（2）根据法律或章程的要求，特定决议必须取得出席股东“绝对多数”的表决权，实际上小股东享有否决权；

（3）股东间形成多派意见，且持股分散，互不配合。

股东会僵局的认定有关于时间的要求，即上述两种情况的状态须“持续两年以上”，指在“两年以上”的期间内应召开而无法召开任何一次股东会或没有作出任何一项有效的股东会决议。

（三）董事会僵局

董事长期冲突的表现形式与股东会僵局类似，如董事会无法召开或无法作出有效决议等。但董事长期冲突导致董事会陷入僵局，并不必然导致股东请求解散公司之诉的产生，因为董事之间的冲突往往可以通过股东会来化解。

因此，在股东会以修改公司章程、换选董事、调整董事人数等方式仍不能化解董事冲突，才构成董事会僵局。

值得注意的是，具体到股东会和董事会的状况，适格股东起诉时只要能证明公司出现了股东会持续两年以上无法召开、股东会持续两年以上无法作出有效决议、董事长期冲突不能通过股东会解决三种情况，即符合该诉受理时的事由要求。

此外，更需注意的是，除公司出现上述三种情况之一外，只有同时发生“公司经营管理发生严重困难”才真正符合起诉事由的要求。因为公司在实际运行中，可能只要其中一个机构正常，尤其是权力执行机构运行正常，就能基本保障公司正常的经营管理，所以此时即便股东会停摆，公司的经营管理可能也并不会发生严重困难。

（四）经营管理发生其他严重困难

《公司法司法解释（二）》对公司僵局的三种情形予以明确列举，《公司法》第 231 条则是一种防患于未然的兜底性情形。

现实瞬息万变，计划赶不上变化，从境外的立法及审判实践来看，除上述三种情形以外，人民法院受理股东请求解散公司之诉的事由有：股东压制（在董事或公司实际控制人已经、正在或将会以非法的、压迫的或欺诈的方式行事的情况下，符合条件的股东可以请求法院解散公司）；公司的业务经营或者财产被明显不当地滥用、掠夺和浪费；公司丧失经营条件；等等。

（五）股东起诉事由的排除性规定

股东请求解散公司之诉作为一种特殊的制度，必须强调“经营管理”出现严重困难。如果股东在提起该诉时，其理由为公司经营严重亏损、股东权益受到侵害、公司被吊销营业执照后未进行清算等，不能按股东请求公司解散之诉予以受理。因为公司法对上述股东权益已有相应的制度予以规制，如异议股东请求股份回购、拥有 10%以上表决权的股东提议召开临时会议、股东行使知情权查阅相关资料等。

值得注意的是，根据《公司法》第231条的规定，股东请求解散公司之诉除须具备前述情形外，仍存在一个前置条件，即“通过其他途径不能解决”。公司法的立法本意亦在于此，即当公司经营管理发生严重困难，继续存续会使股东利益受到重大损失时，仍希望公司能够通过自治等方式解决股东、董事之间的僵局，而不任意赋予股东通过司法程序强制解散公司的权利。

三、公司解散诉讼具体案例的处理

笔者经办的案件对公司解散诉讼有独特的分析，特别是“本院认为部分”[①]。

《公司法》第182条（2023年修订后为第231条）规定：“公司经营管理发生严重困难，继续存续会使股东利益受到重大损失，通过其他途径不能解决的，持有公司全部股东表决权百分之十以上的股东，可以请求人民法院解散公司。”《公司法司法解释（二）》第1条第1款规定：“单独或者合计持有公司全部股东表决权百分之十以上的股东，以下列事由之一提起解散公司诉讼，并符合公司法第一百八十二条规定的，人民法院应予受理：（一）公司持续两年以上无法召开股东会或者股东大会，公司经营管理发生严重困难的；（二）股东表决时无法达到法定或者公司章程规定的比例，持续两年以上不能做出有效的股东会或者股东大会决议，公司经营管理发生严重困难的；（三）公司董事长期冲突，且无法通过股东会或者股东大会解决，公司经营管理发生严重困难的；（四）经营管理发生其他严重困难，公司继续存续会使股东利益受到重大损失的情形。”上述规定既是公司解散诉讼的立案

① 本案例为作者在某些真实案例基础上，为说明法律问题，编辑、加工而成。

受理条件，也是判决公司解散的实质审查条件。本案应当根据《公司法》第182条以及《公司法司法解释（二）》的相关规定审查潘某请求解散珠海某公司的主张能否成立。

第一，关于珠海某公司是否经营管理发生严重困难。有限责任公司系具有自主决策和行为能力的组织体，公司经营管理严重困难包括两种情况：一是公司权力运行发生严重困难，股东会、董事会等权力机构和管理机构无法正常运行，无法对公司的任何事项作出任何决议，即公司僵局情形；二是公司的业务经营发生严重困难，公司经营不善、严重亏损。如公司仅业务经营发生严重困难，不存在权力运行严重困难，根据《公司法司法解释（二）》第1条第2款的规定，不符合《公司法》第182条的解散公司条件。判断公司的经营管理是否出现严重困难，应当从公司组织机构的运行状态进行综合分析，公司是否处于盈利状态并非判断公司经营管理发生严重困难的必要条件，其侧重点在于公司经营管理是否存在严重的内部障碍，股东会或董事会是否因矛盾激化而处于僵持状态，一方股东无法有效参与公司经营管理。本案中，根据珠海某公司章程第14条的规定，珠海某公司股东会是公司最高权力机关，执行董事对股东会负责，负责召集和主持股东会，并向股东会报告工作。同时，根据珠海某公司章程第15条的规定，公司的经营方针和投资计划、财务预算决算方案、利润分配方案和弥补亏损方案等公司经营管理事项均需要经股东所持表决权过半数通过才能生效，使得人合性成为珠海某公司最为重要的特征。而自2018年3月起，潘某因股东冯某以珠海某公司名义向公安机关举报职务侵占被刑事拘留，冯某还在2018年4月将潘某踢出了股东微信工作群，股东之间丧失了信任和合作基础。因与其他股东之间的不可调和矛盾，潘某作为对股东会负责的执行董事，无法召集和主持股东会，股东会长期处于无法召开的状态，股东会等权力机构无法正常运行，也无法对公司的任何事项作出任何有效决议，公司权力决策机制长期失灵无法运行已持续超过 3 年时间，此属于《公司法司法解释（二）》第 1 款第 2 项规定的经营管理严重困难的公司僵局情形。

第二，关于公司继续存续是否会使股东利益受到重大损失。从珠海某公司经营情况看，公司僵局形成后，公司经营即陷入非常态模式，现在冯某经营管理期间，公司业务虽然没有完全停顿，但也没有进行利润分配。占公司 48%股份的大股东黄某去世后，其继承人黄甲、黄乙至今仍未能依法定程序成为公司股东，黄甲、黄乙在二审时也明确表示要求解散公司，不愿意同其他股东共同经营公司。在部分股东不愿意共同经营公司、冲突对立无法调和的情况下，珠海某公司经营能力已显著减弱。

综合上述情况，珠海某公司不仅丧失了人合基础，权力运行严重困难，同时业务经营也处于严重困难状态，继续存续将使股东利益受到重大损失。

第三，关于替代解决途径的可行性。《公司法司法解释（二）》第 5 条第 1 款规定："人民法院审理解散公司诉讼案件，应当注重调解。当事人协商同意由公司或者股东收购股份，或者以减资等方式使公司存续，且不违反法律、行政法规强制性规定的，人民法院应予支持。当事人不能协商一致使公司存续的，人民法院应当及时判决。"公司僵局并不必然导致公司解散，国家公权力对于股东请求解散公司的主张必须秉持谨慎态度，司法应审慎介入公司事务，凡有其他途径能够维持公司存续的，不应轻易解散公司。本案二审进行调解，因各方均不能就转让股权、公司回购等维系珠海某公司存续的解决方案达成合意，故最终未能达成调解协议。《公司法》没有确立解决公司僵局的其他替代性救济措施，现珠海某公司的持续性僵局已经穷尽其他途径仍未能化解，如维系珠海某公司，股东权益只会在僵持中逐渐耗竭。相较而言，当股东之间的冲突不能通过协商达成谅解，任何一方都不愿或无法退出公司时，为保护股东的合法权益，解散珠海某公司能为各股东提供退出机制，避免股东利益受到不可挽回的重大损失，强制解散公司就成为唯一解决珠海某公司僵局的措施。

综上所述，珠海某公司经营管理发生严重困难，继续存续会使股东利益受到重大损失，通过其他途径不能解决，潘某作为持10%股份的股东，提出解散珠海某公司的请求，符合《公司法》第182条的规定，应予准许。潘某的上诉理由成立，应予支持。一审判决认定事实基本清楚，审判程序合法，但对法律理解错误，处理结果不当，法院予以纠正。判决解散珠海某公司。

上述判决对于公司解散中公司僵局的处理以及人民法院在审理公司解散诉讼中注重调解且不轻易判决解散公司作了详尽的分析，并作出了替代解决途径的判决，堪称一个典型的公司解散诉讼案例。

四、结语

相对于设立公司来说，解散公司存在更为复杂的法律问题。股东应对股权比例的设置和公司决策机制僵局的解决方案等问题应投入更多的思考与关注，必要时应当就潜在的法律风险向专业的律师咨询，为公司的发展保驾护航。此外，人民法院应在公司解散诉讼中充分尊重当事人的意愿，注重调解，不应轻易作出解散公司的司法判决。

公司合伙制运营模式下股东不和应对之道

李　梅[①]

摘要：在公司合伙制运营模式下，股东不和纠纷频繁发生。中国民营企业是绝大部分合伙人股东基于“泛家族”关系组建而成的，基于股东之间的情感成分，创业之初鲜少能掰开情面对股东之间如何相处、股东的权责利益如何分配、如何灵活调整、如何退出等作出明确具体的约定。合作前缺乏这方面的准备，在合作过程中出现分歧自然也就缺少相应的解决依据，一旦矛盾激化就很容易走向极端。如何在矛盾激化之前将分歧解决于未然，又如何通过事前防范，来减少股东间的矛盾冲突的可能性是本文的议题。

关键词：股东不和　解决路径　股权结构不合理　解决分歧文化　事前防范

作为企业常年法律顾问，笔者长期跟大大小小不同类型的企业股东打交道，经常参与他们的对话，聆听他们的心声，也处理过一宗又一宗股东纠纷案件，在股东相处之道中，有一些心得体会，抛出话题与大家共同探讨。

一、为何股东纠纷频繁发生

中国民营企业是绝大部分合伙人股东基于亲属、老乡、同学、朋友等

---

① 李梅：北京大成（广州）律师事务所律师。

“泛家族”关系组建而成的，出于信任，股东间往往忽视合作规则方面的事先约定，因此在合作过程中出现分歧自然也就缺少合法有力的解决依据，一旦矛盾激化了就很容易走向极端。

有些企业虽然意识到合伙之前先定规则的重要性，但没能足够重视，多是从网络搜来一些协议模板简单套用，殊不知这样会给自己挖下坑留下隐患，甲公司就是这种情况。[①] 三个自然人股东共同设立一家新公司甲，大致各占三分之一的股权，在确定具体股权份额的时候，股权之争十分激烈，在激烈的谈判过程中，股东A最后作出了妥协，股权份额减为32%，另两个股东B和股东C各占34%。可即便这样，公司成立运作不到3个月，股东之间就又发生了激烈的冲突。原来，甲公司的章程是从网上下载的所谓标准文本，规定“重大事项经持有三分之二以上股权的股东同意决定”，股东A很快发现，他联合股东B或者股东C两人中的任何一人，都只有66%的股权比例，达不到三分之二，决定不了重大事项。也就是说，自己提出的重大事项主张，必须说服股东B和股东C一致同意才行，而股东B和股东C只要取得一致，便可以决定任何事项，自己否决不了。当初让股权（从34%减至32%）的时候，想到只是比他们少两个百分点的分红，没想到在公司控制权上出现这样的结果，于是股东A要求重新谈判。虽然这种结果不是股东B和股东C当初有意谋取的，但股东B和股东C因为这意外的特权而不肯答应重新谈判，可是股东A负责公司的生产，而且是带着一批人进入甲公司的，于是在工作中处处闹别扭，严重影响到公司运作。

此类因股权设计导致的股东纠纷比比皆是，《公司法》赋予有限公司股东广阔的公司自治权，因此如何辅导企业善用公司自治权，协助企业解决好

---

① 本案例为作者在某些真实案例基础上，为说明法律问题，编辑、加工而成。

股东分歧，助推项目稳健快速发展，从而创造更多社会价值，乃是长期从事企业法律顾问业务的专业律师任重而道远的职业使命。

二、分歧已然发生，企业要如何应对

股东分歧导致的结果大致相同，但具体到企业个体，产生分歧的原因却各有各的不同，要解决这些分歧，就必须深入尽职调查，找出问题根源才能对症解决。以下是实务中经常会遇到的几种企业股东产生分歧的类型及对应的解决思路。

（一）股权结构不合理

正如上文所提到的案例，股权设计比例不合理是导致股东分歧非常重要的一个原因，法律实务中，也常常看到50%、50%；50%、40%、10%；40%、40%、20%的股权平分比例，大股东丧失决策权，股东间内耗严重，因权责利不匹配产生冲突而严重影响到企业的经营发展。面对此种情形，除了可以参照上述案例补充修改公司章程、重新设计公司治理机制，动态调整股权是解决问题的重要路径。我们所熟知的海某捞就是股权动态调整的代表案例，[①] 海某捞早期股权架构跟真某夫的情况一模一样，两者都是餐饮行业，一开始也都是股权平分，四位股东的持股比例均为25%，但随着公司的不断发展，各股东对公司的贡献已发生变化，有大有小，再按原先所持股权比例平均分配收益不再合理。到了2007年，海某捞进入了快速发展阶段，股权均分的问题愈加突出，实控人张某意识到问题的严重性，主动要求收购了施某夫妻18%的股权，收购后张某的股权变成了68%，对公司拥有了绝对控股权，后期海某捞又再次对股权架构做出了调整，把四川海某捞50%的股权都转到静某投资持股平台，同时引入6名创业元老作为股东，张某夫妇

---

① 李利威著：《一本书看透股权架构》，机械工业出版社2019年版，第228—229页。

投票权占到了三分之二以上，股权合起来达到83.5%，股权的动态调整既调整了各股东间的权益分配，也成功解决了平均股权架构的风险，为海某捞的腾飞插上了双翼。

但实务中，并非所有企业都能像海某捞作股权架构二次调整时那般顺畅，也并非所有企业股东都能有施某的胸怀，在企业快速上升之际自愿让步股权。那如果无法调整股权，我们还可以作哪些安排呢？

1. 表决权分离，做“二元股权结构”

“二元股权结构”即是将股权与表决权或分红权作不等比例的安排，进行分离设计，也就是我们常说的“同股不同权”。比如说我们可设计方案为持股比例为10%，但表决权比例为20%，分红权可安排为5%，从而协助大股东达到用较小股权比例控制公司的效果。

2. 控制董事人选提名权或董事会席位

这主要是针对一些设有董事会的企业主体，此类公司的日常经营事项主要由公司董事会决定。《公司法》第59条相关规定，董事会负责对公司重大事项制定方案后，再提交给股东大会表决。但企业一般较少召开股东会，通常只对重大事件决策表决时才组织召开，即便召开，一些股东出于各种原因也很少参与，所以说控制了董事会，也就控制了公司的日常管理。因《公司法》第73条要求，全体董事过半数出席方可召开董事会，并且董事会的表决需要获得全体董事的过半数同意，所以核心创始人只要占据董事会的大部分席位，便可以保障决策效果和决策效率。比如[①]，阿里巴巴的实控人便是通过合伙人的“董事提名权”，实际控制了半数以上的公司董事席位，根据阿里巴巴章程的规定，阿里巴巴合伙人享有提名董事的排他性权利，也有权在特定情形下任命50%以上的董事会成员，形成对董事会的实际

① 李芳：《合伙制的设计与实施》，中国财富出版社2021年版，第107页。

控制，从而控制整个公司。

3. 一致行动协议

创始股东与其他股东分别签署协议，约定当其他股东与创始股东意见不一致时，按创始股东的意见进行表决，从而使参加协议的股东股权比例加起来超过66.7%时，也就达到了间接控制公司的效果。

4. 表决权委托

又被称为表决权代理，公司内部部分股东通过协议约定，将其投票权委托给特定股东行使（一般为创始股东）。比如，京东实控人就是在发行上市前，获得了11家投资人的投票权委托，以20.46%持股比例掌控了过半数的投票权。①

5. 一票否决权

赋予创始股东表决事项的否决权。不管创始股东的股权比例是多少，只要其反对，股东会的表决就不能通过，以此实现对公司的控制。我们知道华为是员工持股公司，但华为的公司章程有明确规定，任某非在华为决策问题上享有一票否决权。②

（二）股东观点不一致

在公司里，股东观点不一致的争执应得到鼓励，争执是达成共识的必经之路，股东间不一样的声音可以让实控人的决策更为稳健，但股东间的长期争论对抗，会大大降低公司决策效率，并容易引起情绪对抗。

这时，最好的解决思路莫过于善用企业文化的约束功能，让企业文化对每位股东的思想、心理和行为产生约束和规范的作用。我们知道企业文化的约束不是强制性的约束，而是一种软约束，这种软约束产生于企业中，弥漫

---

① 郭勤贵、耿小武著：《股权设计互联网+时代创业公司股权架构》，机械工业出版社2017年版，第155页。

② 《华为董事会首席秘书披露股权架构：任某非有否决权而非决定权》，载澎湃网，https://www.thepaper.cn/newsDetail_forward_3368645，最后访问时间：2024年8月14日。

在企业文化氛围里，会形成一个群体的行为准则和道德规范，潜移默化地起到思想和行为的导向作用，勒泰集团[①]就是运用企业文化解决群体分歧的典型代表，勒泰通过每周文化早间课、文化标语，共识共享会、践行者代表推荐等主题鲜明、形式各样的文化宣导方式，对标成员如何去超越分歧，如何在共益性原则下做到不被分歧束缚。

（三）股东行动跟不上产生

我们都知道，创业如同西天取经，过程中的艰辛困难可想而知，股东间因项目困难、个人能力、主观能动性不足、惰性思维等多方面因素会出现人浮于事、执行力差、行动散漫等现象，对此，企业需要完善目标管理，明确不同时间段的具体目标而落实到人，进行量化管理；也要方法可行知人善用，匹配于团队支持；更重要的是要奖罚到位，抛弃股东特权思想，规则制度面前股东员工一律平等，奖要及时，罚不过夜，无论是奖励还是惩罚都要在第一时间公开兑现，让所有人形成集体的荣誉和惩处的记忆。

对企业来说，执行力是企业成败的关键，没有执行力，再好的战略和决策也都实现不了，必要时也可考虑剥离某些股东的员工身份，如客户乙公司，[②] 企业财务岗位一直是实控人的舅舅担任，虽老人家一心为企业好，但因其学识及接受新事物的能力都难以匹配公司的发展，在连连遭受税务局罚单后股东间争吵激烈，顾问律师介入后建议聘请专业财务人员任职，不仅能为企业健全完善的财务制度，同时也会给企业减少不必要的纳税开支，更为重要的是缓解了股东间的不满情绪。

（四）股东有异心

人性是复杂的，也是善变的，当股东日益滋生的个体诉求与企业的价值

---

① 《勒泰集团文化“知道如何超越分歧”》，载搜狐网，https://www.sohu.com/a/497732195_670115，最后访问时间：2024 年 8 月 14 日。

② 本案例为作者在某些真实案例基础上，为说明法律问题，编辑、加工而成。

追求相背离时，矛盾便难以再调和，这时企业要考虑的便是如何以最小的代价、最安全的方式清理股东出局。股东关系的解绑有很多种，以下 6 种比较常见。

1. 股东回购股权

基于有限责任公司人合性的特点，解除股东身份最常见的方式就是股权内部收购，通过内部股权转让的方式，将股权出让给其他股东，避免股东变动对公司经营造成影响。如果事先已约定好股权回购定价，回购行为就比较容易去操作，但如果没有提前约定，回购定价问题就极容易成为双方矛盾焦点，因此也建议在股权收购的谈判过程中最好有第三方中介机构的介入，这样会促进谈判更有效地进行。

如客户丙公司原是五名股东一起创业，[①] 后公司亏损 200 万元，亏钱后股东黄姐就一手把亏损都承担了起来，虽然黄姐当时并不是五名股东中的大股东，但公司出现亏损别人都不敢管，黄姐就自己填钱来承担了亏损，把企业扭亏为盈，其间陆续把剩下的三个股东的股权都给回购了，还剩最后一个小股东，持股比例为 5%。后来上市公司看中了丙公司，同意收购，但要求那个小股东必须退出，因这个小股东的存在对公司不但无利反而会有害。在黄姐看来，公司注册资金 100 万元，每年利润 500 万元，小股东持股比例 5%，给他 100 万元退出，估价已经非常可以了，而且他也确实没做过什么，但是这位小股东却执意要 600 万元。矛盾一度不可调和，顾问团队多次协助沟通对其晓以利弊，最后小股东方同意以 130 万元交易价退出公司。

2. 公司回购股权

如果其他股东无法回购，公司账户有资金的话，也可以由公司直接回

---

① 本案例为作者在某些真实案例基础上，为说明法律问题，编辑、加工而成。

购，但同样也难免遇到上述回购定价的问题，这时候如果事先有过约定，哪怕只言片语，对企业可能都会是很大的帮助。公司回购要注意的是，因公司不能持有本公司股权，股权回购回来后还要及时做减资处理。

3. 转让给第三人

股东要退出，无论是公司还是大股东，都没有法定的回购义务，这时也可以要求股东自行寻求第三人来受让他所持有的股权，当然，股东向第三人转让股权时，其他股东享有优先购买权。

4. 增资稀释

股东如果不同意股权出让，执意不退怎么办呢？这时企业也可以通过大比例的增资，将此股东的股权比例稀释到可以忽略的地步，而弱化此股东对企业的掣肘，但前提是要掌握三分之二的表决权方能作出增资决议。

5. 引进第三人

还有的企业在收购无效、增资不能的情况下，大股东选择了暂行离开，通俗的意思就是：小股东你不走，那我走吧，我把股权转让给能“收拾”了你的第三方，让他来代替我管理公司。但此举比较惊险，有可能会引狼入室。

6. 业务转移

即在公司主体上面成立一家母公司，其他股东换到母公司上层持股，逐渐把子公司做萎缩，把子业务转移到母公司来做，这样的好处是隔离了问题股东，同时母公司可以合并子公司的财务报表，子公司所有的收益和商誉都可以保留下来。

上述前三点都是通过股权转让行为，让股东离开，后三点是在保存企业收益和商誉前提下的股东博弈。如果股东争议陷入较大僵局，公司管理已发生严重困难，解散公司就是最后的选择。

三、减少股东分歧，事前如何防范

（一）重视公司章程、协议制度保障

凡事预则立，不预则废，企业经营更是不能打无准备之仗，股东协议里的条款，只要不违反法律，是有很多自由发挥空间的。比如，股东为多人时，大家可以事先协商，在某些事僵持不下时，可以某股东的意见为最终意见。当然，为了避免权利被滥用，也需要规定有最终决定权的人在哪些事项上享有决策权，以及当该股东明显存有过错时如何担责等事项；对股权退出需要作预先设定，尤其是在出现公司僵局情形时，持多数股权的股东有权以某种价格强制收购异议股东的股权。假设，连续两次股东会或董事会对重大事项达不成决议，那么，公司控股股东有权收购持反对意见的股东的股权。至于收购价格，应当提前设定好，并且注意区分公司盈利时和亏损时股东退出的对价，以及股东有过错退出和无过错退出的不同。

（二）慎重选择合伙人

企业如人，需要优质基因，合伙制的基因越完美，企业发展就越迅速稳定，因此合伙人的选择一定要慎重。诚实守信、担责、有底线是成为合伙人的先决条件，除此之外，个人能力、团队的互补性、企业使命感的认同都是重要的因素，最重要的是合伙人身上要具有打动你的闪光点，坚定的选择来自最初的心动，方能在日后无数次摩擦中坚持初心，断不能是胡吃海喝后的一拍即合。

（三）合伙人找到后，要设定磨合期，不要着急入股

人的工作面和生活面所表现出来的行为是完全不同的，有些人可以做朋友，但不可以做很好的合作伙伴，选择合伙人的标准也需要时间来检验，只有真正的共事后才知其究竟是否合适，因此设定一段时间的磨合期尤为重要。对于一些短期资源提供者，不要轻易将其发展成为股东（合伙人），因

为短期资源者大多不全职参与创业，可优先考虑项目提成，一事一结，而不是通过股权进行长期、深度的绑定。

（四）合作人应遵守现代企业公司治理制度，民主公开，不搞一言堂

现代合伙制是企业治理理念的变革，是老板个人治理到企业共治思维的转变，各合伙人身份平等，共同参与公司管理，所不同的只是所有者权益决策权数占比。公司经营要公开透明，重要事项民主决策，如果创始人不转变思维，仍旧以传统一言堂思维做合伙制，势必会触发股东间矛盾。

股东之间相互信任很关键，切忌互相猜忌，出现问题本着真诚、互信的心态解决，问题摆到桌面上，就事论事，大股东不要专制。笔者之前辅导的一家企业，每月都有合伙人之间的批评与自我批评日，不分股权比例大小畅所欲言，长此以往，股东间隔阂少了、配合度越来越高，企业经营也充满活力。

合伙人要有成全他人之心，合伙人的信任就是相互支持建立起来的，彼此成就，让你的股东觉得跟你在一起他会越来越好，这也许就是最好的内驱力。

（五）实控人要掌握主动权

实控人在整个经营中要有能力掌握主动权，如业务、财务、人事、上下游客户关系、关键资源等必须能掌控，并设立监督机制，即便股东间出现问题也能弹性布局处理，防止出现互相扯皮的现象。当然，一旦发现股东问题不可调和，实控人也需要当机立断，以杜绝股东内耗给公司造成更大的伤害。

四、结语

股东矛盾，是企业内部矛盾中最主要、最具破坏性的。很多公司业务做得很好，却以倒闭收场，甚至营收越高，倒闭得越快，往往就是因为股东之

间的矛盾没有解决好，阻断了公司的持续经营。解决好股东之间的矛盾是企业发展的大事，也是长期服务企业的法律顾问律师最直接的价值体现，但人的问题又是最为复杂的，股东间矛盾的解决不仅在于问题本身，更要立足于问题产生的根源，从源头上查缺补漏优化规则，建立股东间长效合力机制。

未出资股权转让后的出资义务分析

梁文卿[1]

摘要：根据《最高人民法院关于适用〈中华人民共和国公司法〉若干问题的规定（三）》（以下简称《公司法司法解释（三）》）的规定，如果股东未履行或是未全面完成实缴义务，应当负有相应责任，同时根据受让人的知情状况，判断其是否需要承担连带责任。2024 年 7 月 1 日起施行的《公司法》吸收了《公司法司法解释（三）》第 13 条及第 18 条的相关规定，并进行了完善。未届出资期限的股权转让和已届出资期限的股权转让，两者出资责任的承担主体和承担方式均不同。关于未出资股权转让中出资义务的归属问题，本文基于对相关法律关系的梳理，从现实中各种可能的情形入手，对转让人、受让人各自的出资义务进行分析。

关键词：未出资股权转让　出资义务　补偿赔偿责任　受让人　转让人

未出资股权就是未实缴出资股权，其主要有两类情形，即认缴期限中的股权与期限届满但未缴的股权。《公司法司法解释（三）》对未出资股东需承担的义务给出了明确规定，即按照未出资本息，对出资义务与公司无法清偿的部分负有连带责任，这是对公司及公司债权人而言的责任承担。然而转让未出资股权后的出资义务在转让人和受让人中如何承担，该问题在实践中

[1] 梁文卿：广东合盛律师事务所合伙人律师。

引起的纠纷频频发生，如何理解相关法律关系及如何完善相关规定，本文对此尝试作出分析探讨。

一、未出资股权转让的法律关系

（一）基于认缴资本制的出资义务

未出资股权转让后最终的责任归属，根本上是对相应固定出资义务的定性结果，由此确认转让人和受让人实际义务的法理，倘若回避此问题，会使最后的处理方法没有理论依据。现有关于出资义务问题的理论讨论，主要有“法定责任说”与“债务说”两类，但二者均有其局限性。其一，假设将出资义务视为法律附加给股东的责任，同时股东无其他渠道规避出资义务以及无法彻底退出公司，会严重制约股权原本的流动性以及投资人的主动性，公司也不能根据投资人的真实意愿继续运行，压缩公司自治空间。其二，公司运营存续的根本目标是依照投资人的意愿运行，达到利益最大化，而公司活动既与股东、企业本身有着利益关联，又会影响债权人和第三人等外部利益。为了保障市场运行秩序，维护各自的利益，就要利用强制性手段对自治权的行使进行规定。所以，现行《公司法》同时拥有公法和私法的性质，前者倾向于维护基本秩序与公平，后者则体现在保障公司自治权。

按照《公司法》的语境分析出资义务，同样要考虑两个方面的问题。第一，在出资期限届满前，同时也未出现其他违法、违约的情况，出资义务相当于股东对公司负有的债务，这时没有威胁外部利益的风险，所以应当按照公司自治，由股东处分持有的股权。[①] 第二，在出资期限届满，抑或出现其他逃避出资的行为，对外部利益产生危害时，应当由法律介入进行约束，

---

① 崔艳峰、丁巍：《未出资股权转让后的出资义务——兼评〈公司法（修订草案）〉第89条》，载《学术交流》2022年第6期。

这时股权转让人在完成转让后，依旧有出资义务。

2024 年 7 月 1 日起施行的《公司法》规定有限责任公司股东的认缴出资期限不得超过 5 年。对于 2024 年 7 月 1 日前已登记设立的公司，根据《公司法》第 266 条第 2 款的规定，将按照国务院出台的具体实施办法，稳妥有序逐步地调整至规定的期限以内。可以预计，此前已经成立的公司在一段时期内仍会存在未出资股权转让纠纷发生的可能。

（二）未出资股权转让后的义务主体

按照《公司法司法解释（三）》中第 13 条第 1 款和第 18 条第 1 款的表述，公司与其他股东能够请求转让人及受让人承担出资义务。

1. 转让人负有出资义务。转让人在未出资的情况下，将会丧失股东资格，相应权利也将失去，但依旧不可彻底退出公司，某些情形中还应负有出资义务和补充赔偿责任。转让人在完成转让后，还要承担出资义务，其目的在于：其一，对违约与违法行为予以否定评价；其二，维护社会公众在公司出资状况公示上的信任感。结合上文分析，如果转让人有违反出资责任的表现，应当否定其违法违约行为。所以，即便转让人已经没有股东权利，也要基于自身的某些行为而承担责任。转让人认缴出资额度与期限等内容已经完成登记，公众出于信任登记内容和公司发生交易。倘若转让人出资期限届满却没有缴纳，就会损害公众对登记的信任。为保障登记公信力，未出资的转让人要继续承担义务。

2. 受让人负有出资义务。未出资股权转让后，转让人丧失原本的权利，由受让人接替持有利润分配请求权等一系列的股东权利。第一，受让人属于"现股东"，所以是第一顺位的出资义务者。在变更登记后，受让人便是新的股东，按照商事外观主义，受让人是出资义务主体。第二，股东可按照有关文件载明事项，行使股东权利，而出资义务基础便是股东资格，换言之，股东不可仅享有权利，而回避义务。股权受让人持有相应权利的同时，也要承担一定义务。根据权利外观理念，在内部关系不干扰外部相对人的情况下，受让人在主观上是否善意，都仅是转让双方之间的问题，只涉及受让人在承担相应义务后可否对转让人追偿，不可把主观善意当成受让人推卸义务的理由。按照该思路，不管转让人有无履行出资义务，受让人都应以股东的身份成为出资义务人，并且当转让人有不当行为时，也负有连带责任。

二、未出资股权转让后出资义务的承担规则

按照认缴资本制度，当出资期限未满时，转让人依旧拥有期限利益，无须实缴出资。但如果出资期限届满且转让人未出资，就能判定其是否违反出资义务。所以在分析出资义务时，先要把未出资股权转让大致分成两个情形，即出资期限届满前与出资期限届满后。

（一）出资期限届满前

第一，在转让人未履行出资义务时，受让人须负连带责任。根据现有相关司法解释，违反出资义务，既包括逾期未缴，又涵盖期限届满前存在的其他违反行为。出资期限未满，如果转让人有了违反出资义务的情形，就会失去期限权利，也不可因此消除其出资责任。同时，受让人拥有股权后，就成为新股东。结合相关司法解释，转让人、受让人在出资义务方面，具有连带责任。换言之，期限届满前完成股权转让，倘若转让人有某些违反出资义务的情况，假设公司无法清偿债务，其和受让人都具有补充赔偿责任。根据《最高人民法院关于民事执行中变更、追加当事人若干问题的规定》，转让人可被变更、追加为被执行人。上文所述的违反出资义务，不仅包括违反现行法律规定，还包括违反企业章程约定，比如虚假出资、瑕疵出资与抽逃出资等。另外，假设根据转让时间、企业财务情况以及债务清偿水平，可以认为发生股权转让时，双方存在逃避债务及出资义务的意图，也能判定有违反出资义务的情况。如果转让双方中的某一方承担出资义务或者补充赔偿责

任，可以根据转让合同载明的责任分担内容，对另一方进行追偿。[①] 但如果缺少明确的约定条款，善意受让人也能依法对未履行及未全面履行转让人发出追偿请求。

第二，转让人依法完成股权转让，受让人需同时承担补充赔偿责任与出资义务。在出资期限届满之前，原股东持有期限利益，在该期限内不出资并不违反出资义务。所以，在此期间依法转出股权的转让人，可以退出公司，同时无须承担由股权带来的相应责任。在股权转让后，转让人离开公司，由受让人担任股权持有者。现行法律对于企业被申请破产具有明确规定，当公司处于破产程序中，出资期限未满，债权人向受让人要求补偿公司未能清偿的部分才可以缩短股东出资期限，依照破产程序及特定顺序完成清偿。在公司是被执行人的司法实践中，如果法院尝试运用各种措施都没有找到可执行的财产，并且公司也具有破产条件，即使没有进行破产申请，出资期限未满，受让人也负有补充赔偿责任。

《公司法》对该种情况下的责任承担有所调整。该法第 88 条第 1 款规定："股东转让已认缴出资但未届缴资期限的股权的，由受让人承担缴纳该出资的义务；受让人未按期足额缴纳出资的，出让人对受让人未按期缴纳的出资承担补充责任。"当股东转让已认缴出资但未届缴资期限的股权时，由受让人承担缴纳该出资的义务。这意味着，即使出资期限尚未到达，但一旦股权发生转让，受让人就需要承担这部分出资的责任。如果受让人未按期足额缴纳出资，出让人（原股东）需要对受让人未按期缴纳的出资承担补充责任。这是为了确保资本的充实，保护债权人的利益。

（二）出资期限届满后

根据《公司法》的规定，如果股东在转让股权时，存在未按照公司章

① 张芳：《论认缴制下未届期出资股权转让后出资责任承担》，载《企业科技与发展》2021 年第 1 期。

程规定的出资日期缴纳出资或者作为出资的非货币财产的实际价额显著低于所认缴的出资额的情况，那么转让人和受让人在出资不足的范围内需要承担连带责任。但如果受让人不知道且不应当知道存在上述情形，那么责任将完全由转让人承担。该种责任承担方式与目前裁判规则有所区别。

在出资期限届满后，转让人没有出资，就是违反出资义务。对股东而言，其期限利益会因为出资期限届满消失，逾期未实缴，便不符合公司章程，属于违约行为。根据现有司法实践，股东需在约定期限内完成所有出资的缴纳，所以出资期限届满时依旧没有实缴的股东，具有补充出资责任。股东出资不实是在企业成立以及增加注册资本中，相关股东没有依据章程规定承担出资义务，可能是根本未出资，抑或实缴金额不足，或者是出资确认后存在抽逃的情况。迟延出资就是股东没有根据约定期限实缴金额或者办理转移相关财产权的手续。按照出资不实与迟延出资概念，在出资期限届满以后没有实缴出资，就可能被认定成未履行或是未全面履行出资义务。

关于转让人、受让人具有连带责任的问题，出资期限届满但没有实缴出资，就是未履行出资义务，所以转让瑕疵股权的转让人具有在先过错，即便能利用股权转让成功退出企业，依旧无法逃避出资义务。结合商事外观主义，在册的股东要承担持有股权份额的相应责任。在受让人完成变更登记以后，随即“顶替”转让人作为股东，而转让人由于除名不具有股东身份，权利外观立刻转移。因此在转让以后，受让人变成义务主体，与此同时转让人没有完全免责，还需承担相应义务。按照此思路，可把出资期限届满后，没有实缴部分的义务归属分成两个维度，也就是受让人是“现股东”，拥有权利外观，应当占据出资义务的第一顺位，转让人究竟是否属于第二顺位责任者，则要根据受让人对实缴进度的知情状态进行判断。[1] 在受让人不知情

① 王竞敏：《未届期出资股权转让问题研究》，载《广西质量监督导报》2020年第12期。

时，完成出资义务后就能追偿转让人，但如果受让人是知情状态，可判定受让人主观恶意，无权追偿。如此划分，不仅符合商事外观主义，表明转让人不是股东，受让人是义务主体，保证外部债权人对股东名册的信任，还能保障善意受让人股东的基本利益。

（三）受让人持有权利

关于股权受让人持有权利，主要涉及抗辩权与追偿权。

一是抗辩权。受让人如果接受了未出资股权，将会陷入补充赔偿责任与出资义务的法律风险中。如果受让人由于这种情形成为被告，就能代为拥有债权人抗辩权，保障自身合法利益。倘若公司让受让人承担未出资的连带责任，此时受让人对转让人实缴情况不知情，受让人就具有抗辩权，以说明自身的主观善意，请求隐瞒实缴情况的转让人单独履行补充出资义务。反之，在司法实践中，假设公司能够出具表明受让人知道或应当知道的证据，受让人便没有抗辩权。在债权人请求其履行相应赔偿出资义务时，完成变更登记的受让人就是"现股东"，基于对外部第三人的信赖利益保障，受让人的抗辩权可能不会得到支持，但其依旧持有"先诉抗辩权"以及"时效抗辩权"，借此对抗发出请求的债权人。在债权人发出相应请求后，假设主张债权超出诉讼时效，此时受让人能行使时效抗辩权，以此拒绝超时债务的出资义务。[①] 而结合补充责任，假设债权人没有选择以提起诉讼的方式表达请求，直接要求受让人履行出资义务，此时受让人可以拒绝。这是由于债权债务关系双方实际上是债权人和公司，所以债权人和股东并无直接联系，仅在公司资产不能清偿到期债务的情况下，股东才负有补充责任。而只有在诉讼与强制执行的情形下，才能判定公司是否持有多余可清偿债务的资金，这也是股东应当补充赔偿出资的前提条件。

---

① 陈阳：《未实缴出资股权转让之出资责任归属研究》，载《乐山师范学院学报》2022 年第 7 期。

二是追偿权。受让人如果已经履行必要的注意义务，但还无法知晓或客观情形导致受让人不能知道相应股权是未出资的状态，以及转让人刻意隐瞒未出资实情，按照《民法典》的相关规定，善意受让人能申请撤销相应转让合同。原则上，受让人能利用撤销合同的方式，不履行由于未出资形成的义务及补充赔偿责任。而合同撤销后，就是自始无效，受让人因此获得的股东身份随之消失，利用此股东身份开展的交易活动、相关方利益等都会被影响。所以在司法实践中，轻易不会撤销合同。受让人除了利用撤销合同，获得由此造成的损失赔偿以外，也能按照《民法典》的第500条，主张转让人承担缔约过失责任。

若善意受让人在股权转让结束后知晓转让人未出资的实情，基于对商事交易的可靠性与安全性的追求，受让人也能自行放弃撤销权，转让合同依旧有效，并主张转让人承担违约责任。受让人完成相应份额的出资义务、补充赔偿责任，就能对转让人进行追偿。

三、结语

现行公司注册资本制，可以保护企业股权的正常流动状态，也能全面保障债权人利益。结合如今司法实践来讲，对于未出资的股权转让引发的出资义务归属，还有待继续探究与完善。本文认为，可以按照出资期限届满与否，受让人主观是否善意、主观知情，判定转让人、受让人实际应该履行的出资义务，以及受让人可享有的“权利救济”。

瑕疵出资股东的诉讼权利及出资加速到期义务

——以股东起诉解散公司之诉为例

陈冰华 张思旭[①]

摘要：2023年《公司法》修订后，将资本认缴制改为注册资本在5年内实缴。同时，瑕疵出资股东的诉讼权利受限以及出资义务加速到期也是股东们较为关心的两个问题。

事实上，瑕疵出资股东的诉讼权利受限以及出资义务加速到期本身已反映出股东与股东、股东与有限责任公司之间存在的矛盾，甚至可能导致公司僵局，因此，案例所蕴含的《公司法》要点就不能仅局限于股东起诉解散有限责任公司之诉的层面，而应该分析包括有限责任公司的注册资本制度、股东法定出资义务、瑕疵出资股东权利受限情形、公司解散事由以及股东出资加速到期在内的多个公司法要点。

本文通过案例分析，以案例中呈现的两个核心争议焦点“瑕疵出资股东是否具有提起解散公司之诉的权利”“公司是否具备解散的法定事由”为切入点，结合法律规定及司法实践进行简述，为有限责任公司股东投资企业作出有效的指引。

关键词：注册资本认缴制 瑕疵出资股东 股东权利受限 解散公司之诉 股东出资加速到期

---

① 陈冰华：广东诺臣律师事务所律师；张思旭：澳门科技大学民商法学硕士研究生。

【案例来源】

《最高人民法院公报（2023年第1期）》裁判文书选登：陈某与陕西博某体育文化传播有限公司等公司解散纠纷案

【裁判摘要】

一、根据《最高人民法院关于适用〈中华人民共和国公司法〉若干问题的规定（三）》第16条的规定，股东因未履行或者未全面履行出资义务而受限的股东权利，并不包括其提起解散公司之诉的权利。

二、《公司法》第182条（2023年修订，现为第231条）规定的“严重困难”包括对外的生产经营困难及对内的管理困难。

【案情简介】

一、当事人情况

再审申请人（一审被告、二审上诉人）：陕西博某体育文化传播有限公司（以下简称博某体育）

被申请人（一审原告、二审被上诉人）：陈某

一审第三人：任某成

二、案件部分争议焦点

1. 陈某是否具有博某体育股东资格，可否行使提起公司解散之诉的股东权利；

2. 博某体育是否具备法定解散事由。

三、法院观点

1. 关于“陈某是否具有博某体育股东资格，可否行使提起公司解散之诉的股东权利”

关于陈某是否具有博某体育股东资格，可否行使提起公司解散之诉的股东权利的问题。经查，陈某持有博某体育49%的股份且已实缴部分出资的事实已由一审、二审判决根据公司章程、工商登记资料、另案生效裁判查明

认定。

而且，根据《最高人民法院关于适用〈中华人民共和国公司法〉若干问题的规定（三）》第16条的规定，股东因未履行或者未全面履行出资义务而受限的股东权利，并不包括其提起解散公司之诉的权利。博某体育本节申请再审理由不成立，本院不予支持。

2. 关于“博某体育是否具备法定解散事由”

关于博某体育是否具备法定解散事由的问题。《公司法》第182条规定的“严重困难”包括对外的生产经营困难、对内的管理困难。

本案中，一审、二审法院已查明认定博某体育的股东会机制失灵，股东之间矛盾无法调和，且经法院协调仍难以打破公司僵局；而博某体育申请再审事由中也反映出其客观上存在着管理方面的严重困难。

因此，二审判决认定博某体育已具备《最高人民法院关于适用〈中华人民共和国公司法〉若干问题的规定（二）》第1条规定的解散事由，在事实认定和法律适用上并无不当。博某体育本节申请再审理由不成立，本院不予支持。

【案例要点分析】

本案中，股东陈某与博某体育之间的解散公司之诉虽只有两个核心争议焦点：（1）瑕疵出资股东是否具有提起解散公司之诉的权利；（2）公司是否具备解散的法定事由。但事实上，案例反映出股东与股东、股东与有限责任公司之间已存在不可调和的矛盾，甚至已经形成了公司僵局，因此，案例所蕴含的《公司法》要点就不能仅局限于股东起诉解散公司之诉的层面，而应该分析包括有限责任公司的注册资本制度，股东法定出资义务、瑕疵出资股东权利受限情形、公司解散事由以及股东出资加速到期在内的多个公司法要点，本文拟通过案例分析、法律规定及结合实践进行简述，为有限责任公司股东投资企业作出有效的指引。

一、有限责任公司的注册资本制度和股东法定出资义务

（一）有限责任公司的注册资本制度

2023 年 12 月 29 日，《公司法》（2023 年修订）正式颁布，并于 2024 年 7 月 1 日起施行。本次修订的范围非常大，其中最重要的变动之一就是注册资本制度，将原有的资本认缴制改为注册资本在 5 年内实缴。

《公司法》（2018 年修正）第 26 条规定："有限责任公司的注册资本为在公司登记机关登记的全体股东认缴的出资额。法律、行政法规以及国务院决定对有限责任公司注册资本实缴、注册资本最低限额另有规定的，从其规定。"

《公司法》（2023 年修订）第 47 条规定："有限责任公司的注册资本为在公司登记机关登记的全体股东认缴的出资额。全体股东认缴的出资额由股东按照公司章程的规定自公司成立之日起五年内缴足。法律、行政法规以及国务院决定对有限责任公司注册资本实缴、注册资本最低限额、股东出资期限另有规定的，从其规定。"

我国自《公司法》颁布以来，注册资本制度经常发生变动。认缴制固然有许多优势，如能减轻股东的资金压力，给予了股东足够的资金自由度和灵活度，激发了市场经营主体的创业积极性等，因此，资本认缴制明显非常适合我国扶持创业、发展经济的时期。然而，它也暴露出非常多的问题。实践中，一些人产生了一个想法：股东手上没钱也可以开公司，所谓"认缴"就是"免缴"。因此，市场上出现了大量不实缴注册资本的有限责任公司股东，也出现了许多大额注册资本的有限责任公司，一瞬间，市场上的"土豪企业"真假难辨，注册资本仿佛成为虚设，不再是衡量企业规模的重要指标。

本次注册资本制度的调整恰恰能较好地解决这类问题，减少出资额明显异常的公司，有利于强化股东的出资责任，保护债权人，维护资本充实。

（二）股东法定出资义务

无论是在实行注册资本实缴制的情况下，还是在实行注册资本认缴制的情况下，股东的法定出资义务从未被免除。但本次注册资本制度的变动更加强化股东的法定出资义务，不能无期限地拖延出资。

《公司法》（2023 年修订）第 49 条规定："股东应当按期足额缴纳公司章程规定的各自所认缴的出资额。股东以货币出资的，应当将货币出资足额存入有限责任公司在银行开设的账户；以非货币财产出资的，应当依法办理其财产权的转移手续。股东未按期足额缴纳出资的，除应当向公司足额缴纳外，还应当对给公司造成的损失承担赔偿责任。"

可见，《公司法》仅仅是释放了股东在设立有限责任公司时的资金压力，而并非允许股东"免缴"认缴资本，更不支持有限责任公司一直以无资产的"空壳"姿态在市场中开展经营活动，因此，股东仍需要履行法定的出资义务，5 年内完成实缴出资。

所谓"股东法定出资义务"，是指股东根据章程以及法律的规定向公司交付财产或履行其他给付义务，即股东出资需要同时具备两个条件：

股东履行法定出资义务=法定的出资形式+法定出资程序

根据《公司法》（2023 年修订）第 48 条的相关规定，股东出资的形式包括两大类。

第一类：货币出资。

第二类：非货币出资。包括：（1）实物；（2）知识产权；（3）土地使用权；（4）股权；（5）债权；（6）其他。股权和债权为本次《公司法》的新增出资形式，以适应实践中股权置换、以债转股等需求。而这个"其他非货币出资"并非天马行空毫无章法，而是存在既定的审查标准的（缺一不可）：（1）可以用货币估价，即财产可以通过审计、评估等方式进行价值估量；（2）可以依法转让，即该财产应当依法转让到企业名下；

（3）非法律禁止转让的财产。此外《最高人民法院关于适用〈中华人民共和国公司法〉若干问题的规定（三）》（以下简称《公司法司法解释（三）》）第 11 条、《市场主体登记管理条例实施细则》第 13 条第 3 款也对股权、债权出资进行详细规定。需要特别说明的是，所谓“技术入股”，必须是可估价、可转让的技术，如：发明专利、著作权、实用新型等，若仅仅是因为某位股东“厨艺了得”“花艺非凡”“沟通能力天赋异禀”“社会关系广泛”而入股，一旦产生纠纷，很可能会被认定该股东并未履行法定出资义务。

根据《公司法》（2023 年修订）第 49 条的规定，法定出资程序也包括两大类。第一类：货币出资的，出资应存入有限责任公司名下账户；第二类：非货币出资的，必须将该财产的财产权转至公司名下，归公司所有。

至此，股东在把认缴的资本足额缴纳，且同时满足上述《公司法》规定的情况下，才算完成真正意义上的法定出资义务。

二、瑕疵出资并不影响股东起诉要求解散公司

常言道，“没有无权利的义务，也没有无义务的权利”，股东设立、投资有限责任公司的目的，是通过公司经营产生盈利从而依据其股权获得股东自身的利益。然而，若法律规定未依法履行出资义务的股东与已依法完成法定出资义务的股东享有同等获得自身利益的权利，则实属不公，因此，《公司法》对瑕疵出资股东的自益权给出了限制路径。

股东自益权，是指股东专为自己利益的目的而行使的权利，该权利依附于股东资格，如利润分配请求权、股权转让过户请求权、新股优先认购权、剩余财产分配请求权等，显然，股东提起解散公司之诉的权利并不属于自益权的范围。

根据《公司法司法解释（三）》第16条[①]的规定，在公司章程已进行规定，或公司股东会已作出决议的情况下，公司可以对瑕疵出资股东的利润分配请求权、新股优先认购权、剩余财产分配请求权等股东权利作出合理限制，而该瑕疵出资股东无法请求法院认定该限制无效。可见，《公司法司法解释（三）》并未将股东提起解散公司之诉的权利列入股东权利受限的范围。

三、本案审理结果

结合本案，虽然陈某存在瑕疵出资情形，但在其股东资格被解除或丧失之前，陈某依然具有博某体育股东资格，其提起解散公司之诉的权利并不因其瑕疵出资而受限，其依然有权提起解散公司之诉。

四、公司僵局与企业法定解散事由

本案的核心要点之一，便是博某体育是否符合法定解散事由。普通人对公司解散的理解，更多的是认为公司亏钱了所以要解散。然而，在法律层面，对公司解散的法定事由有着更多样的理解。

一般而言，我们在审查有限责任公司是否具备法定解散事由时，会以《公司法》（2023年修订）第231条、《最高人民法院关于适用〈中华人民共和国公司法〉若干问题的规定（二）》（以下简称《公司法司法解释

---

① 《最高人民法院关于适用〈中华人民共和国公司法〉若干问题的规定（三）》第16条规定：股东未履行或者未全面履行出资义务或者抽逃出资，公司根据公司章程或者股东会决议对其利润分配请求权、新股优先认购权、剩余财产分配请求权等股东权利作出相应的合理限制，该股东请求认定该限制无效的，人民法院不予支持。

（二）》）第 1 条[①]之规定的有限责任公司经营存在“严重困难”作为衡量标准，而该标准并不仅仅审查有限责任公司的生产经营是否存在困难，同时，也审查有限责任公司的股东会机制是否存在运作失灵。

关于公司僵局及企业法定解散事由最经典的案例，便是 2012 年 4 月 9 日最高人民法院审判委员会发布的指导案例 8 号林某清诉常熟市凯某实业有限公司（以下简称凯某公司）、戴某明公司解散纠纷案。[②] 最高人民法院在该案的“本院认为”部分详细地阐明了其对于《公司法》（2018 年修正）第 183 条“公司经营管理发生严重困难”的理解，并据此作出解散公司的生效裁判。

原告林某清诉称：凯某公司经营管理发生严重困难，陷入公司僵局且无法通过其他方法解决，其权益遭受重大损害，请求解散凯某公司。

被告凯某公司及戴某明答辩称：凯某公司及其下属分公司运营状态良好，不符合公司解散的条件，戴某明与林某清的矛盾有其他解决途径，不应通过司法程序强制解散公司。

法院审理查明：凯某公司成立于 2002 年 1 月，林某清与戴某明系该公司股东，各占 50%的股份，戴某明任公司法定代表人及执行董事，林某清任公司总经理兼公司监事。（其他略）

法院认为：首先，凯某公司的经营管理已发生严重困难。根据《公司

---

① 《最高人民法院关于适用〈中华人民共和国公司法〉若干问题的规定（二）》第 1 条规定：单独或者合计持有公司全部股东表决权百分之十以上的股东，以下列事由之一提起解散公司诉讼，并符合公司法第一百八十二条规定的，人民法院应予受理：（一）公司持续两年以上无法召开股东会或者股东大会，公司经营管理发生严重困难的；（二）股东表决时无法达到法定或者公司章程规定的比例，持续两年以上不能做出有效的股东会或者股东大会决议，公司经营管理发生严重困难的；（三）公司董事长期冲突，且无法通过股东会或者股东大会解决，公司经营管理发生严重困难的；（四）经营管理发生其他严重困难，公司继续存续会使股东利益受到重大损失的情形。股东以知情权、利润分配请求权等权益受到损害，或者公司亏损、财产不足以偿还全部债务，以及公司被吊销企业法人营业执照未进行清算等为由，提起解散公司诉讼的，人民法院不予受理。

② 《指导案例 8 号：林某清诉常熟市凯某实业有限公司、戴某明公司解散纠纷案》，载最高人民法院网站，https：//www.court.gov.cn/shenpan/xiangqing/4221.html，最后访问时间：2024 年 8 月 22 日。

法》（2018年修正）第183条和《公司法司法解释（二）》第1条的规定，判断公司的经营管理是否出现严重困难，应当从公司的股东会、董事会或执行董事及监事会或监事的运行现状进行综合分析。“公司经营管理发生严重困难”的侧重点在于公司管理方面存有严重内部障碍，如股东会机制失灵、无法就公司的经营管理进行决策等，不应片面理解为公司资金缺乏、严重亏损等经营性困难。由于凯某公司的内部机制已无法正常运行、无法对公司的经营作出决策，即使尚未处于亏损状况，也不能改变该公司的经营管理已发生严重困难的事实。

其次，由于凯某公司的内部运营机制早已失灵，林某清的股东权、监事权长期处于无法行使的状态，其投资凯某公司的目的无法实现，利益受到重大损失，且凯某公司的僵局通过其他途径长期无法解决。

综上所述，凯某公司已符合《公司法》及《公司法司法解释（二）》所规定的股东提起解散公司之诉的条件。二审法院从充分保护股东合法权益，合理规范公司治理结构，促进市场经济健康有序发展的角度出发，依法作出了判决解散凯某公司。

上述案例的裁判要点明确，作为股东提起解散公司之诉的重要条件之一，判断“公司经营管理是否发生严重困难”，应从公司权力机构、管理机构、监督机构的运行状态进行综合分析。即使公司处于运作良好的盈利状态，只要其股东会机制长期失灵，内部管理存在严重障碍，且通过各种途径均无法获得救济，那么，股东投资设立企业的初衷和目的就无法实现，我们就可以认为，该有限责任公司已陷入经营僵局状态，符合《公司法》关于公司经营管理发生严重困难的法定解除情形。对于符合《公司法》及相关司法解释规定的其他条件的，人民法院可以依法判决公司解散。可见股东会机制对于企业运营的重要地位，其运行状态直接决定企业的生死去留。

五、公司解散与股东出资加速到期

本案中，法院支持了股东陈某的诉讼请求，判决解散博某体育，随着案件的生效，一个问题引发了大家的思考：根据《公司法》股东法定出资义务的规定，股东陈某应当依法向博某体育缴纳出资，但陈某并未依约履行。现博某体育又被裁判解散，陈某是否就无须继续履行其法定的出资义务？

这涉及另外一个概念，即股东出资加速到期。有限责任公司注册资本认缴制的背景下，股东享有认缴出资的期限利益，即股东有权在出资期限届满之日前自主选择出资的日期、时间、数额及如何办理过户手续，但该期限利益并非绝对。

《公司法司法解释（二）》第2条规定：“股东提起解散公司诉讼，同时又申请人民法院对公司进行清算的，人民法院对其提出的清算申请不予受理。人民法院可以告知原告，在人民法院判决解散公司后，依据民法典第七十条、公司法第一百八十三条①和本规定第七条②的规定，自行组织清算或者另行申请人民法院对公司进行清算。”第22条第1款规定：“公司解散时，股东尚未缴纳的出资均应作为清算财产。股东尚未缴纳的出资，包括到期应缴未缴的出资，以及依照公司法第二十六条和第八十条的规定分期缴纳尚未届满缴纳期限的出资。”

---

① 《公司法》（2018年修正）第183条规定：公司因本法第一百八十条第（一）项、第（二）项、第（四）项、第（五）项规定而解散的，应当在解散事由出现之日起十五日内成立清算组，开始清算。有限责任公司的清算组由股东组成，股份有限公司的清算组由董事或者股东大会确定的人员组成。逾期不成立清算组进行清算的，债权人可以申请人民法院指定有关人员组成清算组进行清算。人民法院应当受理该申请，并及时组织清算组进行清算。

② 《最高人民法院关于适用〈中华人民共和国公司法〉若干问题的规定（二）》第7条规定：公司应当依照民法典第七十条、公司法第一百八十三条的规定，在解散事由出现之日起十五日内成立清算组，开始自行清算。有下列情形之一，债权人、公司股东、董事或其他利害关系人申请人民法院指定清算组进行清算的，人民法院应予受理：（一）公司解散逾期不成立清算组进行清算的；（二）虽然成立清算组但故意拖延清算的；（三）违法清算可能严重损害债权人或者股东利益的。

《公司法司法解释（三）》第13条第1款规定："股东未履行或者未全面履行出资义务，公司或者其他股东请求其向公司依法全面履行出资义务的，人民法院应予支持。"《企业破产法》第35条规定："人民法院受理破产申请后，债务人的出资人尚未完全履行出资义务的，管理人应当要求该出资人缴纳所认缴的出资，而不受出资期限的限制。"

可见，在博某体育被裁判解散后，公司可以自行清算，股东陈某的法定出资义务并未被免除，反而随着博某体育的解散，其股东出资的期限利益被彻底打破，其出资义务将随之加速到期。若此时博某体育或股东任某成向股东陈某发出请求其向博某体育履行出资义务的通知，而股东陈某拒绝履行，博某体育可起诉要求股东陈某履行法定出资义务，向公司交足其认缴的出资。

2023年3月6日，山东省济南市槐荫区人民法院（以下简称槐荫法院）发布了一则案例，天某公司诉幕某股东出资纠纷。在该案中，槐荫法院对企业解散时瑕疵出资股东的出资义务加速到期作出了明确的论述："根据《中华人民共和国企业破产法》第三十五条、《最高人民法院关于适用〈中华人民共和国公司法〉若干问题的规定（二）》第二十二条第一款规定，本案中，天某公司已进入强制清算程序，因强制清算与破产清算在具体程序操作上的相似性，幕某承认其尚有200万元出资额尚未缴纳。虽然公司法确立了公司注册资本认缴制，赋予公司股东就出资期限自行约定的自由，但是在特殊情况下，股东出资将加速到期，这种加速到期的情形本质上都是由于公司破产或强制清算后将终止存在，不可能再根据原定期限请求股东履行，如果公司不能要求股东提前缴付出资，则股东将逃避履行对公司的出资义务，并进而损害公司债权人和其他股东的正当利益。对于公司股东而言，虽然章程规定的出资期限不能超过公司的存续期限，但是一旦公司破产或强制清算，则视为章程规定的出资期限届至，即加速到期，据此，清算组要求慕某支付尚未缴纳的出资款200万元，合法有据，予以支持。”①

综上，瑕疵出资股东即使基于刺破公司管理僵局而有权行使提起解散公司之诉的权利，也无法免除其对公司依法应当履行的法定出资义务，公司解散反而打破了有限责任公司注册资本认缴制下赋予股东的期限利益，使其出资义务加速到期。

① 参见济南市槐荫区人民法院：《法官说法丨公司进行强制清算程序，股东出资是否应加速到期?》，载微信公众号“济南市槐荫区人民法院”，2023年3月6日。

外资企业的股权激励协议中境外管辖约定是否有效

莫碧琪[①]

摘要： 企业与员工签订股权激励协议，在特定条件下会授予员工股权或与股权有关的权益，而双方发生争议时，股权激励协议中的管辖约定将会影响双方的维权成本支出，如交通费用、时间成本等。越来越多外资企业在股权激励协议中设置境外管辖的条款，本文将从股权激励争议法律关系的认定、涉外因素具备与否、约定管辖的境外法院或仲裁机构的类型出发，分析外资企业的股权激励协议中境外管辖的约定是否有效。

关键词： 外资　股权激励　管辖　仲裁　劳动争议

近年来，越来越多的外资企业实行股权激励计划，即在特定条件下授予员工股权或与股权有关的权益，将员工与企业的发展进行利益捆绑，从而激励员工忠实勤勉地为企业工作。在签订股权激励协议时，除了约定股权的授予条件、行权条件、回购条件等，部分外资企业还会约定若双方出现争议，由境外法院或境外仲裁机构管辖。对此类管辖约定的效力，我们认为，认定境外管辖约定是否有效的关键在于三点：一是该宗股权激励争

① 莫碧琪：广东广悦律师事务所律师。

议法律关系的认定；二是是否具备涉外因素；三是约定管辖的是在境外法院还是仲裁机构。

一、股权激励争议被认定为劳动争议的，境外管辖约定无效，应当适用《劳动争议调解仲裁法》的法定管辖规定

股权激励争议具备劳动关系、股权关系、合同关系的特征，其法律关系处于劳动法与一般民法的学科交叉地带，司法实践中基于个案的差异，有的法院观点认为股权激励争议属于合同纠纷，可以协议约定由境外法院或者仲裁机构管辖；有的法院观点认为股权激励争议属于劳动争议，由用人单位所在地或者劳动合同履行地的劳动争议仲裁机构法定管辖。

《涉外民事关系法律适用法》第4条规定："中华人民共和国法律对涉外民事关系有强制性规定的，直接适用该强制性规定。"《最高人民法院关于适用〈中华人民共和国涉外民事关系法律适用法〉若干问题的解释（一）》第8条规定："有下列情形之一，涉及中华人民共和国社会公共利益、当事人不能通过约定排除适用、无需通过冲突规范指引而直接适用于涉外民事关系的法律、行政法规的规定，人民法院应当认定为涉外民事关系法律适用法第四条规定的强制性规定：（一）涉及劳动者权益保护的……"鉴于此，如果股权激励纠纷的性质被判定为劳动争议，应当适用《劳动争议调解仲裁法》第5条关于法定管辖的规定。

二、股权激励争议被认定为合同纠纷的，如果不具备涉外因素，境外管辖约定仍然无效

《最高人民法院关于适用〈中华人民共和国民事诉讼法〉的解释》第529条第1款规定："涉外合同或者其他财产权益纠纷的当事人，可以书面协议选择被告住所地、合同履行地、合同签订地、原告住所地、标的物所在

地、侵权行为地等与争议有实际联系地点的外国法院管辖。”即涉外合同可以书面协议选择与争议有实际联系地点的外国法院管辖。

但是如果激励协议的签订主体为外资企业本身，单凭这一点并不构成涉外因素，境外法院的管辖约定无效。外资企业并非外国企业，根据《外商投资法》第2条第3款的规定：“本法所称外商投资企业，是指全部或者部分由外国投资者投资，依照中国法律在中国境内经登记注册设立的企业。”因此，外商投资企业也属于我国境内的用人单位，受我国劳动法律法规调整。

除此以外，根据最高人民法院发布的《涉外商事海事审判实务问题解答（一）》第83条内容：“如果国内当事人将其不具有涉外因素的合同或者财产权益纠纷约定提请外国仲裁机构仲裁或者在外国进行临时仲裁的，人民法院应认定有关仲裁协议无效。”也就是说，在不具备涉外因素的情况下，激励协议关于境外仲裁机构管辖的约定同样无效。

三、股权激励争议被认定为合同纠纷且具备涉外因素的，约定境外仲裁机构管辖有效

股权激励争议被认定为合同纠纷的前提下，在可变利益实体（Variable Interest Entities，简称VIEs）架构中，常见的股权激励方式是境内的外资企业对员工实施股权激励，但具体的激励标的物是境外母公司或关联公司的股权，由境外母公司或关联公司与境内员工签订激励协议，或境外公司、外资企业、境内员工三方共同签订激励协议，该种情形则具备了涉外因素，境外管辖约定就有可行的空间。

根据《最高人民法院关于适用〈中华人民共和国民事诉讼法〉的解释》第529条第2款规定：“根据民事诉讼法第三十四条和第二百七十三条规定，属于中华人民共和国法院专属管辖的案件，当事人不得协议选择外国法院管

辖，但协议选择仲裁的除外。”中国法院专属管辖的案件不能协议选择境外法院管辖，但可以协议选择仲裁。据此，激励协议中关于境外法院管辖的约定有可能因为纠纷属于中国法院专属管辖而被认定无效。但即使纠纷属于中国法院专属管辖范围，若协议中明确约定出现纠纷由境外仲裁机构管辖，则管辖约定可以发挥效用。

四、企业设计股权激励计划时可强调其商事属性

2023 年 12 月 12 日，最高人民法院发布了《关于审理劳动争议案件适用法律问题的解释（二）（征求意见稿）》，该征求意见稿第 1 条规定：“用人单位基于劳动关系以股权激励方式为劳动者发放劳动报酬，劳动者请求用人单位给付股权激励标的或者赔偿股权激励损失发生的纠纷属于劳动争议，但因行使股权发生的纠纷除外……”[①] 但该司法解释目前仍处于征求意见阶段，暂未正式施行。

鉴于此，如果企业并非将激励对象视为普通员工，而是希望与激励对象“并肩作战”，笔者建议企业尽量强调股权激励的商事属性，弱化其劳动属性，并根据协议的性质以及主体属性选择适宜的管辖机构。

---

① 《最高人民法院关于审理劳动争议案件适用法律问题的解释（二）（征求意见稿）》，载中国法院网，https：//www. chinacourt. org/article/detail/2023/12/id/7700236. shtml，最后访问时间：2024 年 7 月 29 日。

董事会“一票否决权”的表决机制能否真正保证公司稳定发展

汤嘉丽[①]

摘要：董事会作为公司组织机构的一部分，可行使公司章程规定或者股东会授予的其他职权，根据《公司法》的规定，董事会会议有过半数的董事出席方可举行，董事会作出决议，应当经全体董事的过半数通过，其中董事会决议的表决，应当一人一票。除此之外，《公司法》也规定了董事会的议事方式和表决程序，除本法有规定的外，由公司章程规定。为了牵制其余董事，有的公司会在章程中规定部分董事享有“一票否决权”，本文以该权利为基础，就“一票否决权”的作用及可能引发的风险进行分析。

关键词：一票否决权　董事权利　多数决

企业融资引入投资人，持有一定比例股权的投资人会提出自己或委派的人在公司的董事会中享有“一票否决权”的要求。我国法律上其实并没有“一票否决权”这一明确的概念，但在日常公司治理中“一票否决权”通常会被投资人作为表决机制运用于被投资企业的董事会议事规则中。通过这一设置，投资人委派的董事仅以一票就可以达到否决整个董事会决议的效果。

① 汤嘉丽：广东广悦律师事务所律师。

一般情况下，董事会决议的表决方法，采取一人一票、人数多数决（相对于股东会资本多数决而言）的形式。但是《公司法》并没有禁止有限责任公司董事会设置“一票否决权”。董事会的“一票否决权”是对“一人一票”传统表决机制的突破，这样的设置赋予了特定董事特殊的权利，使持股比例较少的投资人也能够在企业董事会的决策中发挥决定性作用。

一、“一票否决权”易让公司的决议决策机制陷入僵局

从投资人的角度看，为保护投资安全，投资人委派的董事在董事会的决议事项中拥有“一票否决权”能更好地保护投资人的相关权利；但从公司治理的角度看，如果企业赋予董事过多权限的“一票否决权”，各董事出于各自利益，很有可能互不让步，多方董事无法达成一致的意见，最终无法作出决议，导致公司陷入僵局。

曾有一起案例，[①] 经营公司有 A、B、C 三名股东。公司设董事会，有 5 名董事，其中 A、B 各委派两名董事，C 委派一名董事。公司的章程规定，出席董事会会议的法定人数为全体董事的三分之二，且应包含各方至少一名董事，不够三分之二人数或缺少一方时，其通过的决议无效。

2008 年 6 月 12 日，经营公司就承租工业公司的厂房租金每年上涨 100 万一事召开董事会，其中 A 委派的两名董事未参与董事会，与会的其他三名董事均同意厂房房租上涨事宜，并达成与工业公司签订《厂房租赁合同补充协议》的议案。A 认为董事会开会人数不符合章程规定，提出董事会决议无效的主张。

从上面案例的情形看，根据公司章程的规定，“出席董事会会议的法定人数为全体董事的三分之二，且应包含各方至少一名董事，不够三分之二人

① 本案例为作者在某些真实案例基础上，为说明法律问题，编辑、加工而成。

数或缺少一方时，其通过的决议无效”。由于本案争议的董事会决议缺乏股东一方公司董事的参与及事后同意，该董事会决议可撤销。公司章程的此种规定，导致只要有一方股东不同意公司的经营决策，公司的决议决策机制便陷入僵局，但是此为公司各方股东的自愿约定，法院无权干预。

最终，因公司决议违反了关于董事会决议方式的规定，A 提出撤销董事会决议符合规定，法院判决撤销经营公司的董事会决议。

二、章程可对“一票否决权”的使用范围进行限缩

随着企业的发展，被投资企业释放股权的比例会逐渐受限，但融资的资金规模却比较大，投资人作为资金投入方，获得股权比例过小会直接影响其在股东会的地位，这就导致投资人会在其他方面争取对自己更优的条款。在目前的实践中，公司往往会将股东会行使的部分职权下放到董事会中，此时投资人委派的董事在董事会中享有的地位不言而喻。因此，为了获得对公司更强的控制权，在融资谈判的博弈中，投资人争取获得“一票否决权”是无可厚非的，也不失为保护资本的好办法。

如果公司允许投资人委派的董事都享有“一票否决权”，那么这些投资人之间如何平衡利益就成了难题。由于投资人委派的董事背后分别是不同的立场与利益方，允许任意决策一方都可以单方否定决策的话，很容易形成公司经营僵局。因此，在具体的“一票否决权”谈判中，公司需要根据目前融资的紧迫性以及投资人的综合实力进行评估，再决定是否可以接受该投资人提出的“一票否决权”这一条件。同时，面对多轮融资时，公司应当尽量保持后轮次与前轮次“一票否决权”条件的一致，有多名投资人的，可协商后共同确认部分委派董事拥有“一票否决权”。

“一票否决权”很大程度上是投资人和企业融资谈判博弈的产物，对急需资金的融资企业来说很难避免，但如果允许投资人在所有事项的表决中都

享有“一票否决权”，就意味着投资人只需用小股权比例就实际掌控公司的控制权，这对创业者和公司的长远发展来说都是不利的。如果确实需要赋予部分董事“一票否决权”，公司可通过具体条款的设置来限制“一票否决权”的适用范围，例如，允许在修改公司章程、增减资本等直接涉及投资人重大利益的事项上设置“一票否决权”，而对于决定企业战略发展或日常经营的事项，如业务转型、经营管理人员聘用等应谨慎给出“一票否决权”。

浅析抽逃出资的认定情形及合规路径

张思旭[①]

摘要：股东有出资义务，出资后相关资产、技术成为公司的一部分。公司具有独立的法人人格，公司存续期间因生产经营产生的债务应当以公司财产承担责任，股东对公司债务的责任限于股东的出资。由于目前有些小公司账目不清，法律意识淡薄，股东和公司的资金往来用途往往不明晰，因符合《公司法》规定的抽逃出资的情形，被法院认定为股东构成抽逃出资，不仅可能承担民事责任，而且董事、监事、高级管理人员可能需要承担连带责任，更有甚者将构成抽逃出资罪。本文旨在剖析在实践中被认定为抽逃出资的情形，以规避因出资出现的法律风险。

关键词：抽逃出资　减资　民事责任　刑事责任

一、典型案例

A公司成立时为一人独资公司，股东为甲，注册资本50万元，甲实际出资50万元。后，A公司需要增加注册资本至1000万元，新增的950万元由甲以货币出资450万元，乙出资500万元实缴50万元。十几天后，A公司又通过转账形式向乙转账50万元。在庭审中，甲无法证明A公司向乙转

---

① 张思旭：澳门科技大学民商法学硕士研究生。

账 50 万元的合理依据。A 公司于是起诉至法院，要求甲返还抽逃出资的 50 万元以及相应利息。法院认为，在 A 公司成立、甲出资仅数十天后，甲便以还款的形式向乙支付 50 万元，甲亦没有证据证明其转账的合理性，综上，法院认定 50 万元为抽逃出资。

二、认定的情形

《公司法》第 53 条对公司成立后股东抽逃出资的行为进行限制。《最高人民法院关于适用〈中华人民共和国公司法〉若干问题的规定（三）》第 12 条中明确了四种抽逃出资的情形：虚增利润分配、虚构债权债务、关联交易以及其他情形。

在实践中，股东往往通过向公司借款的行为来掩盖非法抽逃出资的目的。刘俊海教授指出，二者之间的区别主要从以下几个要素进行综合考虑：金额、利息、还本付息期限、担保、程序、主体、会计处理方式、透明度、行为发生期限。[①] 以上要素非常详细全面，所以股东不要试图通过借款方式抽逃出资，这种行为很容易被发觉，并被判决承担相应责任。一旦被认定为抽逃出资，轻则罚款、承担连带责任，重则承担刑事责任。下文将以我国现行法律规定中关于抽逃出资的法律后果为基础，提出合规路径，帮助公司投资者、经营者合规从事商业活动，规避法律风险。

三、抽逃出资的法律后果

（一）民事责任

《公司法》第 253 条规定了公司发起人和股东抽逃出资的民事责任，对相关发起人和股东处以抽逃出资金额 5%以上 15%以下的罚款。抽逃出资的

---

① 刘俊海：《论抽逃出资股东的民事责任》，载《法学杂志》2008 年第 1 期。

股东有返还抽逃出资的责任。同时，如果债权人要求公司履行债务，抽逃出资的股东应当在其抽逃出资本息范围内承担连带责任。协助抽逃出资的其他主体对此应该承担连带责任。

抽逃出资这一行为有悖于资本充实原则，这一行为的民事责任承担主体范围非常广泛，不仅限于公司发起人和股东，还有直接负责的主管人员和其他责任人员。若其他股东、董事、高级管理人员或者实际控制人等相关主体对抽逃出资存在帮助行为，应当承担连带责任。相关主体应当积极履行勤勉义务和注意义务，对股东虚报债务等抽逃出资行为要及时制止、劝阻，不能置身事外，甚至提供帮助。因此，在公司中具有一定职权的主管一定要提高注意义务，切勿推波助澜。

（二）刑事责任

抽逃出资数额巨大或者造成严重后果的，可能构成抽逃出资罪。《刑法》第159条规定了公司发起人和股东抽逃出资的刑事责任，对相关发起人和股东处以5年以下有期徒刑或拘役，并处或单处抽逃出资金额2%以上10%以下罚金。

《最高人民检察院、公安部关于公安机关管辖的刑事案件立案追诉标准的规定（二）》第4条明确了抽逃出资的追溯标准，其主要包括出资额比例标准、相关人经济损失标准以及其他标准。其中出资额比例标准为法定注册资本在600万元以下，抽逃出资达60%，或法定注册资本超过600万元，抽逃出资达30%。相关人经济损失标准为造成公司、股东或债权人损失在50万元以上。其他标准为，虽未达到上述出资额比例标准或相关人经济损失标准，但另有法律规定的其他情形。

构成抽逃出资罪要求情节严重，虽然不是所有抽逃出资的行为都会构成犯罪，但是股东不要存在侥幸心理，一旦被检察院提起公诉，后果将非常严重。

四、合规路径

《最高人民法院关于适用〈中华人民共和国公司法〉若干问题的规定（三）》第20条明确，就出资义务发生争议时，从举证责任来看，原告的证明责任相对较低，仅需对被告履行出资义务产生合理怀疑，被告在原告提供相应证据后应当对其已履行出资义务承担举证责任。[①] 所以公司在经营过程中，对于公司账簿、会计凭证、往来账目必须做到清晰、准确。当产生出资义务争议时，可以将上述文件作为证据佐证。

（一）股东和公司之间资金往来账目清晰

公司具有独立的法人人格，拥有独立的财产，股东仅以出资额为限承担有限责任。这是公司法的一大创举，在公司法中起到支柱性作用，这一制度不仅隔离了股东的风险，而且促进了市场经济繁荣发展。

公司财务制度是公司治理的一个重要板块，也是隔离股东责任的重要保障依据。目前，很多公司，尤其是小公司存在账目不规范的情况，因为做账审计较为麻烦，许多公司就抱有侥幸心理。股东高管和公司的账户财产分不清，甚至股东将公司的财产挪作私用的情况屡见不鲜。殊不知这样做将埋下无穷祸患，公司的债权人可以股东抽逃出资或者对公司法人人格否认制度来直接追究股东的责任。

因此，建议企业依照相关法律法规建立财务会计制度，安排专业的会计人员对公司账目的流水进出合规管理，定期审计并作出审计报告。在抽逃出资纠纷中，原告仅需提供合理怀疑的证据就完成了举证责任。剩余举证责任就转移给了被告，也即若被告股东不能证明其已经履行出资义务，则需要承担不利后果。因此，笔者建议对公司财务进行专业性检查和调整，不要出现

---

① 《最高人民法院关于适用〈中华人民共和国公司法〉若干问题的规定（三）》（2020年修正）第20条。

财产混同的情况。同时保留股东出资证明书、款项往来凭证、股东会决议等，如若产生法律纠纷，以上材料能够证明股东的出资义务已经履行，不承担额外责任。

（二）依照法律规定的程序减资

公司减资主要适用情形是：公司资本过剩、公司严重亏损或者有股东想要退出。不管是哪一种减资情形，都必须按照法律规定的程序进行。因为减少注册资本属于公司的重大事项，需经过股东会或股东大会代表三分之二以上表决权的股东通过方能进行。同时，公司减资要编制资产负债表和公司的财产清单。公司应当自作出减少注册资本决议之日起 10 日内通知债权人，并于 30 日内在报纸上公告。

五、结语

综上所述，抽逃出资不仅要追究股东的责任，相关协助抽逃出资的董事、监事、高级管理人员也要承担连带责任。这提醒股东要按照公司章程规定的出资期限和出资金额足额出资，董事、监事、高级管理人员要履行勤勉义务和注意义务。此外，规范公司财务制度也是至关重要的，要避免账目不清而导致股东被法院认定构成抽逃出资，承担民事或者刑事责任。

“对赌协议”的法律问题

潘禹铭①

摘要：本文首先介绍了“对赌协议”的概念，其次分析了“对赌协议”在法律规范及司法实践中的适用情况，包括法律规范的约束和司法案例分析，以及《全国法院民商事审判工作会议纪要》对“对赌协议”效力的影响。文中特别讨论了保底收益的有效性问题，通过案例分析展示了不同法院对保底收益条款的不同态度和判决。最后提出了法律建议，强调在签订“对赌协议”时应该合理设置条件，避免权利义务失衡，并建议公司进行合理的股权架构设计以降低交易风险。

关键词：“对赌协议”　股权回购　风险平衡

一、“对赌协议”概述

“对赌协议”，在域外被称为“估值调整协议”（Valuation Adjustment Mechanism），起源于美国法，是私募投资领域中重要的融资工具，常存在于私募股权投资（Private Equity，简称 PE）或风险投资（Venture Capital，简称 VC）的过程中。“对赌协议”的目的是避免目标公司估值不准确，平衡双方投资风险。“对赌协议”的主要形式为股权回购和金钱补偿，前者，在

---

① 潘禹铭：澳门科技大学 2022 级国际经济与商法学硕士研究生。

未达到协议约定的公司业绩时投资方有权要求目标公司以协议确定的价格、数量回购公司股权；后者投资方有权要求目标公司依照协议给予金钱补偿。

二、“对赌协议”相关法律规范及司法实践

（一）“对赌协议”相关法律规范

“对赌协议”作为无名合同，其在法律上表现为投资法律关系，并不具有法律意义上的特殊性，换言之，法律对“对赌协议”并无特殊保护。若“对赌协议”具有《民法典》规定的致使合同无效的情形，例如，不满足形式要求、合同当事人主体不适格、合同不能表达当事人真实意图、具有违反法律禁止性规定或社会公共利益等情形，则该“对赌协议”无效。

在此基础上，“对赌协议”还应当遵守《公司法》第53条有关“股东不得抽逃出资”的规定，若投资方请求目标公司回购股权，亦应符合《公司法》第162条有关股份回购的强制性规定；若投资方请求目标公司承担金钱补偿，应符合第210条有关利润分配的强制性规定。①

2019年《全国法院民商事审判工作会议纪要》（以下简称《九民纪要》）明确“对赌协议”若不存在法定无效事由，目标公司仅以存在股权按回购或金钱补偿为由主张“对赌协议”无效，人民法院不予支持。同时明确了“对赌协议”的主体可以是目标公司或目标公司的股东，纠正了对“海某案”与目标公司“对赌”无效、与目标公司股东“对赌”有效的错误解读。②

（二）“对赌协议”相关司法实践

1. “对赌协议第一案”

甘肃世某有色资源再利用有限公司（以下简称世某公司）、香港迪某有

① 季境：《“对赌协议”的认识误区修正与法律适用》，载《人民司法·案例》2014年第10期。
② 潘林：《“对赌协议第一案”的法律经济学分析》，载《法制与社会发展》2014年第4期。

限公司（以下简称迪某公司）与苏州工业园区海某投资有限公司（以下简称海某公司）、陆某增资纠纷案，以下简称“海某案”，被誉为“对赌协议第一案”。[①]

2007年，海某公司与世某公司、迪某公司、陆某共同签署“增资协议书”，约定海某公司以2000万元向世某公司进行增资，占股3.85%。若2008年世某公司净利润不足3000万元，海某公司有权要求世某公司、迪某公司履行补偿义务。

海某公司作为世某公司的股东，《增资协议书》约定若公司净利润低于3000万元，则海某公司有权获得补偿，该收益与世某公司经营业绩相脱节，损害了公司利益与债权人利益，该条款因违背法律禁止性规定而无效。迪某公司作为世某公司股东，作出的补偿承诺不损害股东和债权人利益，不违反法律禁止性规定，系当事人真实意思表示，是有效的。法院判决迪某公司应当依照《增资协议书》约定的补偿金额和计算方法对海某公司进行补偿。

在这一阶段，当事人的抗辩以及法院裁判说理对“对赌协议”的效力问题往往进行较多讨论，“对赌协议”效力问题成为法院说理的重要部分。在湖北某有限公司等与苏州某投资中心合伙协议纠纷案[②]、平某公司诉暴某体育案[③]等案件中，“对赌协议”效力问题均为争议双方讨论焦点。

2.《九民纪要》对“对赌协议”适用的影响

在《九民纪要》出台后，学界和实务界将关注点转移到了“对赌协议”的适用条件。法院判决说理中“对赌协议”的效力往往仅占较小篇幅，用更大的篇幅探讨是否满足“对赌协议”约定的适用条件，是否符合公司章

---

① 罗东川、杨兴业：《“对赌协议”纠纷的法律规制及裁判规则》，载《人民司法·案例》2014年第10期。

② 参见：(2015) 民申字第295号。

③ 参见：(2019) 京03民终8116号。

程以及法律规定的程序性要求。[①]

例如，在深圳市广某创新投资企业大连某集团有限公司请求公司收购股份纠纷案[②]中，法院审理认为本案共有三个争议焦点，分别为有关"对赌协议"的《协议书》效力认定；目标公司是否应当回购公司股权；目标公司股东是否应当对有关债务承担连带赔偿责任。

其中，有关"对赌协议"效力认定，在双方当事人的辩护以及法院裁判意见中均未作为主要部分。类似的情形还出现在其他案件中[③]。这说明随着司法解释的出台以及先前典型案例的宣传，实务领域对"对赌协议"效力的认定争议较小，案件审理重点放在"对赌协议"的实际履行上。

三、"对赌协议"保底收益与法律建议

（一）保底收益有效

在部分案件中，当事人一方提出的抗辩理由为投资方通过"对赌协议"可以获得保底收益，这种收益直接来源于"对赌协议"的规定而与公司业绩无关，投资者仅享受利益而不承担风险，构成了事实上的借贷。

例如，在某人寿保险股份有限公司（以下简称某人寿）、北京龙某环球教育科技有限公司等股权转让纠纷案[④]中，双方签署《补充协议》约定，若广州龙某环球教育科技有限公司 2015 年业绩未达到目标，某人寿可依约定的计算方式获得收益。

依照《关于审理联营合同纠纷案件若干问题的解答》第 4 条的规定，《补充协议》所约定的补偿方法应为无效。《关于审理联营合同纠纷案件若

---

① 王尚飞：《"对赌协议"在后民法典时代的属性定位》，载《社会科学动态》2023 年第 5 期。

② 参见：（2020）最高法民再 350 号。

③ 参见：（2020）最高法民终 614 号；（2019）最高法民终 1642 号；（2020）最高法民终 1161 号；（2020）最高法民终 691 号。

④ 参见：（2020）最高法民终 1250 号。

干问题的解答》已经废止，但是《补充协议》所约定的“对赌协议”条款与保底条款之间如何界定仍值得探讨。

本案审理法院认为《补充协议》性质为“对赌协议”，应当尊重各方的意思自治，《补充协议》不违背法律的禁止性规定亦不损害目标公司及其债权人利益，当属有效，各方当事人应严格履行。投资者在投资活动中需深度参与目标企业的管理经营，与借贷行为有显著差别，不属于《关于审理联营合同纠纷案件若干问题的解答》第4条所规定的情形。

（二）保底收益无效

在永某股权投资合伙企业、瑞某投资管理有限公司等合伙协议纠纷案[①]中，原告北某集团与其他多方主体成立永某有限合伙公司（以下简称永某合伙），用于投资受让远某工具公司股权。永某合伙与远某工具公司签订“对赌协议”，由远某工具公司依投资款年化收益15%承担回购义务。现北某公司欲退出永某合伙，诉请普通合伙人瑞某投资管理有限公司以及永某合伙承担退伙财产责任，支付北某公司投资额及相应收益。

法院认为，在当前情况下，永某合伙、瑞某投资管理有限公司不得向有限合伙人北某公司保底保收益，既不得在募集阶段直接或间接地向有限合伙人保底保收益，也不得在私募基金产品不能如期兑付或兑付困难时承诺还款。在远某工具公司未支付回购款的情况下，若永某合伙以货币退还退伙财产实质上构成对北某集团的保底保收益，违背《合伙企业法》《证券法》以及其他私募股权基金监管规则。对北某集团的诉求未予支持。

（三）争议焦点与法律建议

目前有关保底收益条款无效的规定仅存在于证监会规章以及证券投资基金业协会规定，尚未有法规或规章明文禁止，《证券投资基金法》仅禁止公

① 参见：（2022）最高法民再234号。

募基金向投资人承诺保底收益，私募基金管理人在不损害合伙企业或基金公司资本的情况下承诺保底收益未被禁止。另有观点认为，保底收益条款违背了合伙企业共担风险共享收益的基本原则，亦不符合公平原则。①

保底条款效力问题根源在于私募投资风险较高，投资人期冀用尽一切手段降低投资风险，在适用“对赌协议”平衡风险的基础上希望更进一步，约定较高的投资条件以达到“保底”的最终效果。

当前，对于保底条款效力的认定存在一定争议，但是多数观点认为“对赌协议”中规定的“保底收益”条款当属有效，法院应当尊重当事人的意思自治，在不违反法律强制性规定的情况下认定“对赌协议”的效力。当事双方在“对赌协议”的过程中应当合理设置“对赌条件”，避免双方权利义务失衡，错估交易风险进而失去公司控制权，或因对赌失败遭受较大损失。当事双方应当谨慎审查协议内容，既有案例和法律规定表明，投资方可以向目标公司或目标公司股东主张承担相应补偿义务，公司应当在充分考虑风险与收益的前提下，确定协议内容以达到预期目标。另外，公司应当进行合理股权架构，实际控制人可以通过有限合伙以及多层企业架构的方式降低交易风险。

---

① 徐子良：《委托理财案件法律适用难点辨析——以保底条款负外部性分析及其无效处理后果为重点》，载《法律适用》2011 年第 1 期。

康某药业案后上市公司
独立董事制度的危机与转向

李家滔[1]

摘要： 康某药业案件对促进我国独立董事制度变革具有里程碑性意义。独立董事身份具有多重属性，是董事会决策参与者、公司合规监督者和专业顾问，但并非公司治理承压墙。独立董事面临薪酬较低、权利能力弱、责任风险高等困境。2023 年 4 月 7 日公布的《国务院办公厅关于上市公司独立董事制度改革的意见》明确限定了独立董事决策、监督、咨询的公司治理责任，通过设立独立董事占多数的相关专门委员会以及优化独立董事人员构成推动独立董事权责利相统一。

关键词： 独立董事　康某药业　履职方式

一、案情介绍

康某药业的证券集体诉讼案[2]于 2021 年 11 月 12 日在广东省广州市中级人民法院作出一审判决，康某药业被判承担约 24.59 亿元的赔偿责任，该案件涉及证券虚假陈述责任纠纷。

---

① 李家滔：黑龙江大学 2022 级经济法学硕士研究生。

② 参见：(2020) 粤 01 民初 2171 号。

其中，五位独立董事被判承担民事赔偿连带责任：江某平、李某安、张某需对康某药业股份有限公司的债务承担10%的连带责任，相当于2.459亿元人民币；郭某慧、张某需对康某药业股份有限公司的债务承担5%的连带责任，相当于1.2295亿元人民币。

法院查明，五位独立董事在康某药业的《2016年年度报告》《2017年年度报告》和《2018年半年度报告》审议中均投赞成票。中国证监会的《行政处罚决定书》(〔2020〕24号)显示，康某药业在上述年度报告中存在虚增营业收入、利息收入和营业利润，虚增货币资金，而在2016年和2017年年度报告中未按规定披露控股股东及其关联方非经营性占用资金的关联情况，这些都属于对重大事件做出违背事实真相的虚假记载和披露信息时发生重大遗漏的行为。

在此案中，康某药业作为上市公司，在其《2016年年度报告》《2017年年度报告》和《2018年半年度报告》中存在虚假记载，虚增营业收入、利息收入和营业利润，虚增货币资金。在2016年和2017年年度报告中未按规定披露控股股东及其关联方非经营性占用资金的关联情况，因此康某药业需要承担投资者的损害赔偿责任。

尽管江某平、李某安、张某、郭某慧、张某等五位独立董事并非直接参与康某药业的财务造假，但是他们未尽到作为董事、监事或高级管理人员的审查、监督和问责义务，未能发现和纠正康某药业虚假陈述的行为，因此也需要承担连带责任。

该案件所引发的蝴蝶效应逐渐显化，首先，案件直接推动了《最高人民法院关于审理证券市场虚假陈述侵权民事赔偿案件的若干规定》的出台。其次，对独立董事的天价惩罚数额引发的独立董事辞职潮，不仅仅促进了

2022年证监会《上市公司独立董事规则》[①] 出台，更进而推动2023年《国务院办公厅关于上市公司独立董事制度改革的意见》的出台。

二、上市公司独立董事制度的危机

上述康某药业独立董事天价“罚单”案例，给上市公司独立董事提出了警醒，也掀开了我国上市公司独立董事制度存在的“危”的那一层面纱。

中国证券监督管理委员会（以下简称证监会）于2022年1月5日发布的《上市公司独立董事规则》中，将上市公司独立董事定义为：“不在上市公司担任除董事外的其他职务，并与其所受聘的上市公司及其主要股东不存在可能妨碍其进行独立客观判断的关系的董事。”在上市公司中设置独立董事，是为了完善上市公司治理结构，以期望实现更好地保护中小股东利益之目的。

当前我国独立董事制度正处于变革的十字路口，在当下平均每个上市公司至少三位独立董事的现状下，我国独立董事普遍津贴、报酬较低，不参与股权激励，且受到不成比例的法律风险和声誉威胁，面临权责不匹配的情形，原有的优化公司治理模式、保护中小投资者权益的立法目的在实践中出现了严重脱节。[②] 从康某药业案可以看出独立董事在某种程度上已经成为一种“高危行业”。

具体而言，上市公司对独立董事的选择并未考虑公司的真正需求，提供给独立董事的信息真实性和全面性差。公司甚至在独立董事提出主动调查时，采取拖延阻拦的方式，导致独立董事形同虚设。另外，独立董事自身因身兼数职，对上市公司怠于履行勤勉义务，对于公司决策一味配合，未审慎

① 该规则已被《上市公司独立董事管理办法》废止。

② 刘俊海：《上市公司独立董事制度的反思和重构——康某药业案中独立董事巨额连带赔偿责任的法律思考》，载《法学杂志》2022年第3期。

对待，在未充分了解情况的前提下签字，需要对虚假陈述行为承担责任。对上述不负责任的行为，上市公司和独立董事都面临天价“罚单”的风险。

三、上市公司独立董事制度的新转向

为了防范上市公司独立董事履职工作中存在的法律风险，确保独立董事依法合规履职，更好地发挥独立董事的作用，2022 年 1 月证监会出台《上市公司独立董事规则》，其后于 2023 年 4 月出台《国务院办公厅关于上市公司独立董事制度改革的意见》，尤其是后者通过明确独立董事职责定位、优化独立董事履职方式、强化独立董事任职管理、改善独立董事选拔方式、加强独立董事履职保障、严格独立董事履职情况监督管理、健全独立董事责任约束机制一系列组合拳的制度规定，对未来我国独立董事制度发展走向有着鲜明的指导意义。

（一）明确独立董事职责定位

《国务院办公厅关于上市公司独立董事制度改革的意见》将独立董事职责限缩为三大方面，即“参与决策、监督制衡、专业咨询”。参与决策是独立董事作为董事的应有义务，从改革意见可以看出本次改革突出强调独立董事的监督义务，加强对公司关联交易以及财务报表监督。具体而言：首先，要有合理的职业怀疑，对于管理层的相关说明，保持清楚认知。其次，要有证据意识，善于收集和保全自我履行的证据，同时收集公司相关决议有关真实性、合法性、相关性的证据，将事后的诉讼证据意识置于公司治理过程。再次，对于关联交易，不能只看相关决议文件，应附加相关合同，审计报告等，拓宽消息来源渠道。最后，对于关联交易，独立董事始终坚持“程序严谨、信息透明、最大公允”的观念，对内对外相关程序都要有监督意识。

（二）优化独立董事履职方式

本次改革首次提出：“在上市公司董事会中逐步推行建立独立董事占多

数的提名委员会、薪酬与考核委员会……”“建立全部由独立董事参加的专门会议机制，关联交易等潜在重大利益冲突事项在提交董事会审议前，应当由独立董事专门会议进行事前认可。”

设立专门委员会与专门会议可以有效实现由个体履职向集体履职的转变，改变独立董事单打独斗的现状。另外，设立审计委员会、专门委员会，使之作为全体董事会审议相关事项的一个前置程序机构，为独立董事对相关保留异议事项分阶段表达提供多个窗口。

但制度的具体落实，需要供给相关配套制度。首先，现有的独立董事人员“一法律一会计一行业专家”的构成配比形成了多元化的合理支撑，因此必须在好的人才基础上设立科学合理的会议机制，扩大独立董事的权利，使之付出更多的时间精力成本，同时提升薪酬，达到责权利三者统一。其次，保障独立董事知情权这一履职前提，确保独立董事有权获取重大决策的审计财务、治理决策等配套材料。鉴于此，可以对《证券法》第 197 条“信息披露义务人未按照本法规定报送有关报告或者履行信息披露义务”进行扩大解释，将信息披露义务人扩大解释为公司内部成员，追究其行政责任，确保独立董事知情权的实现。

四、结语

目前，上市公司独立董事制度正处于变革的十字路口，从目前的立法倾向上来看，改革的目标在于优化独立董事履职能力，强化独立董事责任意识，实现独立董事权责利的统一。保障独立董事在行使职权时，不受公司控股股东、实际控制人或其他与公司存在利害关系的单位或个人的影响。未来独立董事应正义履职，在公司的经营与管理中独立、客观判断，不仅能有效监督制约管理层的决策，更能切实维护企业中小股东的利益，防止企业整体利益受到损害。

同时，各上市公司在聘请独立董事时，应严格依据上市公司独立董事的任职条件进行选聘。独立董事在任职期间，务必忠实、勤勉尽责，审慎发表独立意见。在遇到可能涉及违法违规的情形时，及时向监管部门汇报，从而规避自身的履职风险，防止被开具天价“罚单”，亦能更好地促进上市公司合法合规的发展。

第三部分

企业经营问题

公司对外担保的法律风险及对策

胡莲娣①

摘要：公司对外提供担保，债权人若未对公司的股东会决议或董事会决议进行形式审查，并保留相关证明材料，将存在担保行为被法院认定为无效的风险。法定代表人代表公司对外提供担保，担保行为是否有效取决于债权人是否为善意相对人，若不能证明其已对公司决议进行审查，将存在债权人被法院认定为非善意的风险。若满足《全国法院民商事审判工作会议纪要》（以下简称《九民纪要》）第19条关于例外情形的规定，即使公司对外提供担保未经股东会决议，已签订的《担保协议》并非当然无效。

关键词：公司对外担保　股东会决议　连带责任保证担保

一、案情简介②

2019年8月，原告A（出借人）与被告B（借款人）签订《借款合同》，约定B向A借款2000万元，借期为1年。2019年11月8日，为担保债务履行，C公司、D公司、E公司以及原被告签署《补充协议》约定，C公司、D公司及E公司均为上述借款提供连带责任保证担保。因B逾期未还

---

① 胡莲娣：广州金鹏律师事务所合伙人。

② 本案例为作者在某些真实案例基础上，为说明法律问题，编辑、加工而成。

款，A 遂于 2020 年 8 月 31 日向广州市中级人民法院提起诉讼，要求判令 B 承担还款责任，同时要求C 公司、D 公司及E 公司对前述债务承担连带清偿责任。经法院查明，前述三公司均未向 A 提供公司股东会决议，但《补充协议》均加盖了三公司及其法定代表人印章。另，D 公司为 C 公司实控股东，占股 76%；D 公司实控股东为其法定代表人，持股 90%；E 公司实控股东为 D 公司，占股 55%。2021 年 10 月 26 日，人民法院判令：（1）B 依约承担还款责任；（2）C 公司及 D 公司对前述债务承担连带清偿责任；（3）E 公司对外担保行为无效，仅在 B 不能偿还的部分承担 50%的赔偿责任。

二、律师评析

（一）C 公司及 D 公司的担保行为效力分析

本案中，D 公司在《补充协议》上签字盖章，其作为对 C 公司持股 76%的实控股东，签字盖章的行为即表明 D 公司知悉且同意 C 公司对外提供担保。另，D 公司法定代表人作为持股 90%的实控股东，其签字盖章的行为亦表明其同意 D 公司对外提供担保。根据《九民纪要》第 19 条第 4 项规定的无须机关决议的例外情形，即“担保合同系由单独或者共同持有公司三分之二以上有表决权的股东签字同意”，虽 C 公司、D 公司未进行股东决议，但由于《补充协议》上已有两公司三分之二以上有表决权的股东签字，因此担保行为仍然有效。

（二）E 公司的担保行为效力分析

对 E 公司而言，《补充协议》上虽有股东签字，但股东持股比例未超过三分之二，即不能证明公司其他股东同意 E 公司对外提供连带责任担保。另，根据《最高人民法院关于适用〈中华人民共和国民法典〉有关担保制度的解释》第 7 条的规定，公司的法定代表人违反公司法关于公司对外担保决议程序的规定，超越权限代表公司与相对人订立担保合同的效力取决于订立合同时相对人是否善意。如相对人善意，担保合同对公司发生效力，相对人请求公司承担担保责任的，人民法院应予支持。如相对人非善意，担保合同对公司不发生效力，相对人请求公司承担赔偿责任的，担保人应当按照是否有过错及过错程度承担赔偿责任。本案中，A 未能举证证明其已经对 E 公司决议进行审查，未尽到合理注意义务，并非善意相对人。因此，E 公司担保行为无效，仅需对 B 不能偿还的部分承担赔偿责任。

公司为其他债务人提供担保，系促进正常市场交易及市场经济高效运转的主要方式之一。但担保责任的承担必然危及公司资产的安全，进而损及公司股东以及债权人的利益。因此，在公司担保事项上，《公司法》及《九民纪要》均对公司担保进行了较为明确的规定，旨在规范公司担保的内部决策程序，防止因违背公司意志从而损害公司及其股东、债权人的合法权益。若债权人能举证证明担保方股东对担保事项知悉并同意，其直接方式为对公司决议进行审查，从而说明不存在损害公司及公司股东利益的可能，担保行为有效。

三、应对方案

公司作为商事主体，无论作为担保人，抑或债权人，均应分情况着重注意以下内容。

（一）当公司对外提供担保

1. 签订《保证合同》前，债权人应审查公司提供的同意担保的决议文件。债权人只需作形式审查，尽到必要的注意义务即可，无须对决议文件的效力进行审查。

2. 若债务人是公司股东或实际控制人，公司对其提供担保必须经股东会决议。债权人在对公司决议进行审查时，应注意决议必须由出席会议的其他股东所持表决权的过半数通过。

3. 若公司未提供决议文件，债权人需审查《保证合同》上是否具有公司三分之二以上有表决权的股东签字，若符合《九民纪要》第19条第4项规定的例外情形，则无须要求公司提供决议文件。

（二）当法定代表人或高级管理人员代表公司对外提供担保

1. 对债权人而言，双方签订担保合同时应实行面签，并对相关决议进行形式审查，确保担保人印章及法定代表人、高级管理人员签章真实，并注意留存相关证据，包括但不限于合同、会议纪要、决议文件、来往邮件等材料，防范诉讼风险。

2. 对担保人公司而言，应加强内部的授权管理，防控对关键人员或岗位的授权。同时应在公司章程中明确约定，包括但不限于公司对外担保的决议机构、担保数额等约束法定代表人、高级管理人员的对外担保行为。

四、法条汇总

（一）《民法典》

第504条：法人的法定代表人或者非法人组织的负责人超越权限订立的合同，除相对人知道或者应当知道其超越权限外，该代表行为有效，订立的合同对法人或者非法人组织发生效力。

（二）《公司法》

第15条：公司向其他企业投资或者为他人提供担保，按照公司章程的规定，由董事会或者股东会决议；公司章程对投资或者担保的总额及单项投资或者担保的数额有限额规定的，不得超过规定的限额。

公司为公司股东或者实际控制人提供担保的，应当经股东会决议。

前款规定的股东或者受前款规定的实际控制人支配的股东，不得参加前款规定事项的表决。该项表决由出席会议的其他股东所持表决权的过半数通过。

（三）《最高人民法院关于印发〈全国法院民商事审判工作会议纪要〉的通知》（法〔2019〕254号）

第18条：前条所称的善意，是指债权人不知道或者不应当知道法定代表人超越权限订立担保合同。

《公司法》第16条对关联担保和非关联担保的决议机关作出了区别规定，相应地，在善意的判断标准上也应当有所区别。一种情形是，为公司股东或者实际控制人提供关联担保，《公司法》第16条明确规定必须由股东（大）会决议，未经股东（大）会决议，构成越权代表。在此情况下，债权人主张担保合同有效，应当提供证据证明其在订立合同时对股东（大）会决议进行了审查，决议的表决程序符合《公司法》第16条的规定，即在排除被担保股东表决权的情况下，该项表决由出席会议的其他股东所持表决权的过半数通过，签字人员也符合公司章程的规定。

另一种情形是，公司为公司股东或者实际控制人以外的人提供非关联担保，根据《公司法》第16条的规定，此时由公司章程规定是由董事会决议还是股东（大）会决议。无论章程是否对决议机关作出规定，也无论章程规定决议机关为董事会还是股东（大）会，根据《民法总则》第61条第3款关于“法人章程或者法人权力机构对法定代表人代表权的限制，不得对抗善意相对人”的规定，只要债权人能够证明其在订立担保合同时对董事会决议或者股东（大）会决议进行了审查，同意决议的人数及签字人员符合公司章程的规定，就应当认定其构成善意，但公司能够证明债权人明知公司章程对决议机关有明确规定的除外。

……

第19条：存在下列情形的，即便债权人知道或者应当知道没有公司机关决议，也应当认定担保合同符合公司的真实意思表示，合同有效：

（1）公司是以为他人提供担保为主营业务的担保公司，或者是开展保函业务的银行或者非银行金融机构；

（2）公司为其直接或者间接控制的公司开展经营活动向债权人提供担保；

（3）公司与主债务人之间存在相互担保等商业合作关系；

（4）担保合同系由单独或者共同持有公司三分之二以上有表决权的股东签字同意。

论商业特许经营加盟费的返还

甘静仪[①]

摘要： 商业特许经营加盟费是特许人重要的营收之一，被特许人要获得特许经营权，需要向特许人交纳包括加盟费在内的特许经营费。商业特许经营合同的合同期限未满，被特许人在特许人没有明显违反商业特许经营合同约定的情况下，主张特许经营合同解除的，加盟费是否需要按未履行的合同期限折算退还，法律对此并没有明确的规定，因此常引发争议。

关键词： 商业特许经营　加盟费　合同终止　费用返还

一、加盟费的合法性

《商业特许经营管理条例》第3条第1款规定，本条例所称商业特许经营（以下简称特许经营），是指拥有注册商标、企业标志、专利、专有技术等经营资源的企业（以下简称特许人），以合同形式将其拥有的经营资源许可其他经营者（以下简称被特许人）使用，被特许人按照合同约定在统一的经营模式下开展经营，并向特许人支付特许经营费用的经营活动。

特许人与被特许人之间的法律关系，是商业特许经营法律关系，即特许人拥有商标、商号、经营模式、专利、专有技术等经营资源，其通过授权的

① 甘静仪：广东杰海律师事务所合伙人。

方式，授予被特许人使用，作为对价，被特许人向特许人支付相应的特许经营费。

《商业特许经营管理条例》对“特许经营费”的构成并没有作出规定，而参考商务部流通发展司《商业特许经营问题解答》中关于“什么是特许经营费用？特许经营费用有哪些表现形式?”的回答，其回复为：“特许经营费用指的是在特许经营关系的发生过程中，被特许人需要向特许人交纳的费用。在特许经营实践中，特许经营费用通常表现为加盟费、特许权使用费、品牌使用费、保证金（权益保证金）、培训费、广告宣传费等。”①

由此可知，特许人收取加盟费作为被特许人获得特许经营权的对价，具有合法性。

二、加盟费的经营实操

被特许人要获得特许经营权，需要与特许人签订《特许经营合同》，《特许经营合同》对加盟费一般约定为一次性收取的费用，一经交纳，不予退还（也有部分《特许经营合同》中约定，若因特许人的原因导致《特许经营合同》提前终止，则加盟费可按照未履行的合同期限折算返还）。

实际操作中，加盟费一般是被特许人首次签订《特许经营合同》时交纳，《特许经营合同》到期后，特许人与被特许人经协商一致，再次签署《特许经营合同》，第二次及之后签订的《特许经营合同》，则一般不再收取加盟费。

特许人作为掌握特许经营权的一方，其在特许经营合作中占主导地位，因此《特许经营合同》的合同样式及内容均为特许人提供，被特许人作为合同的相对方，一般不被允许对《特许经营合同》的主要内容进行改动，

① 《商业特许经营问题解答》，载商务部网站，http：//www.mofcom.gov.cn/article/zhengcejd/bp/201212/20121208472194.shtml，最后访问时间：2024 年 8 月 20 日。

大部分情况只能对合同的期限、金额、店铺地点等进行谈判，而对加盟费的收取方式、金额、模式缺乏谈判的筹码，即使被特许人对加盟费的金额、一次性收取方式、合同终止后无法退还的约定有异议，为了获取特许经营权，也只能接受《特许经营合同》对加盟费的相关约定。在这样地位不对等的情况下签署的《特许经营合同》，若被特许人在实际经营过程中经营顺畅，利润可观，则双方矛盾不凸显；一旦被特许人经营不顺畅或者经营获利少甚至亏损，则容易引发被特许人要求解除《特许经营合同》，并要求退还包括加盟费在内的特许经营费。

三、加盟费的性质

特许人与被特许人之间的权利义务关系由《特许经营合同》规定。特许人授予特许权供被特许人使用，并加以指导；被特许人依约从事特许业务，在与特许人同一形象下，销售同样的产品或服务，并负有向特许人支付相应代价、遵守特许人特别限制的义务。

要解决加盟费是否应该退还的问题，首先需要厘清加盟费的性质。

从《商业特许经营管理条例》第 3 条规定来看，法律赋予特许人收取加盟费等特许经营费的权利来源是特许人将其拥有的商标、商号、经营模式等经营资源授权被特许人使用，特许人并不因为授权而丧失相关经营资源的所有权，从本质上来说，这是被特许人获得的一种许可权；更准确地说，是一种许可使用权。而且，该使用权不是独占使用权，虽然没有明文规定，但大家都约定俗成地认可，被特许人可以将上述商标、商号、经营模式等经营资源重复授予给不同的主体。同时，该特许权并不是单独的知识产权，一般是由商标、商号、商业秘密、专利等构成的复合知识产权。被特许人是因为支付了加盟费等相关费用后取得许可权，因此，加盟费是为取得许可权而支付的对价。

四、关于加盟费退还的不同观点

一种观点认为加盟费无须退还。该观点认为被特许人交纳加盟费的目的是获得许可权，是获得一种经营资格，一旦特许人按照约定将相应的商标、商号、经营模式等经营资源授予被特许人，那么特许人收取加盟费作为报酬的行为就完成了，被特许人因为交纳加盟费而获得了经营资格，同时也意味着其能够很大限度地降低新开企业所需的资金成本和经营风险。至于被特许人在实际经营过程中是否盈利，并不是单纯依赖特许人授予的经营资格，同时也极大依赖被特许人自身的经营经验、精力投入、员工水平等非因特许人可控制的因素，因此，不管被特许人盈利与否，都不能作为加盟费是否应当退还的理由。若被特许人在经营过程中获利远远超过其他被特许人或同行业的获利水平，被特许人并不需要就此多付加盟费。同理，若被特许人在经营过程中获利远远低于其他被特许人，那么也不能以此为理由要求退回加盟费。

另一种观点认为加盟费需要根据未履行完毕的合同期限折算退还。该观点认为，加盟费的性质是预付款，该款项虽然很多时候都约定是一次性支付，但该款项覆盖特许经营合同的整个合同期限，也就是说，若特许经营合同的合同期限没有履行完毕，那么已经履行部分所对应的加盟费不予退还，但尚未履行完毕的加盟费应当按照未履行完毕的合同期限折算退还。而且由于加盟费的性质是预付款，那么不管被特许人是否因自身原因解除合同，或者因为自身原因致使特许人单方解除合同，加盟费亦不能被作为违约金的方式予以扣除，所以，在特许人与被特许人解除合同之日，特许人就应该将未履行完毕的加盟费退还给被特许人。

关于特许经营合同未到期前解除时加盟费是否退还，各地的法院也有不同的案例。

邓某与广州市某茶餐厅、谭某某、任某某特许经营合同纠纷案[1]中认定："（特许经营）合同解除后，尚未履行的，中止履行；已经履行的，根据履行情况和合同性质，当事人可以要求恢复原状、采取其他补救措施，并有权要求赔偿损失。本案中，邓某已支付68000元加盟费、30000元品牌保证金，丽某茶餐厅已履行技术培训、店面设计和装修、开业协助、经营管理等部分合同义务，相应部分的加盟费应予以抵扣，同时考虑到涉案合同期限自2018年5月16日至2021年5月16日，而邓某于合同签订后4个多月即提起本案诉讼，本院酌情确定丽某茶餐厅返还邓某加盟费20000元。"

王某某、三明市某商贸有限公司合同纠纷案[2]中认定："王某与三明市某商贸有限公司签订的《特许经营合同》，系双方当事人的真实意思表示，合法有效，双方应按约定全面履行合同。按照合同约定，王某在合同签订后一个月内可以单方解除合同，三明市某商贸有限公司应全额退还王某所交纳的加盟费、保证金，但王某提供的证据不足以证明其在2019年9月9日《特许经营合同》订立后1个月内提出退出加盟的主张，故王某要求解除特许经营合同以及要求三明市某商贸有限公司、俞某返还加盟费30000元、返还保证金10000元的诉讼请求，没有事实依据，不予支持。"

笔者认为，首先，加盟费的性质是获得授权的对价，特许人通过自身的努力取得了商标、专利、经营模式等经营资源，其通过合理的费用，将自身拥有的经营资源授权被特许人使用，从经济层面来看，特许人为商标、专利、经营模式等经营资源付出了相应的时间、精力等成本，那么被特许人为取得上述经营资源而支付对价，符合市场经济原理。

其次，《特许经营合同》的双方主体是平等主体，虽然从双方谈判地位来看，特许人占据了一定的话语权，但特许人享有相应话语权的原因是其拥

---

① 参见：(2019) 粤73民终5759号。
② 参见：(2020) 闽04民终1164号。

有商标、专利、经营模式等经营资源，而特许人为取得上述经营资源也付出了一定的成本。被特许人在与特许人签订《特许经营合同》前，会对特许人的品牌进行了解，那就意味着被特许人在交付加盟费时知晓其可获得的经营资源情况，被特许人自愿签署《特许经营合同》并交纳加盟费，可知其同意以加盟费作为等价交换的条件。

最后，特许人与被特许人是各自独立的经营主体，双方自负盈亏。在特许人提供的商标、专利、经营模式等经营资源与《特许经营合同》约定一致的情况下，被特许人无权因为经营过程中不获利而要求退回加盟费。

当然，加盟费在一定情况下，应当全额或部分退还。

第一，冷静期内解除《特许经营合同》的，可以要求退还加盟费。

《商业特许经营管理条例》第 12 条规定："特许人和被特许人应当在特许经营合同中约定，被特许人在特许经营合同订立后一定期限内，可以单方解除合同。"根据该条规定，被特许人可以在此期间要求解除《特许经营合同》，合同解除后，被特许人可以要求返还加盟费。

但在很多实际案例中，特许人与被特许人的《特许经营合同》没有约定冷静期，那么一般会考虑被特许人是否已实际开始经营，若被特许人只是签署了《特许经营合同》，支付了加盟费，但未实际开始经营行为，而且特许人也未提供其他的服务，那么此期间可认为是冷静期，如果被特许人提出了解除《特许经营合同》的要求，同时要求特许人返还加盟费，那么特许人应当返还相应的加盟费。

第二，特许人存在虚假宣传或欺诈等行为，导致合同无效或被撤销的，被特许人有权要求退还加盟费。

根据《民法典》第 147 条至第 153 条关于合同无效、可撤销的规定，以及根据《民法典》第 157 条"民事法律行为无效、被撤销或者确定不发生效力后，行为人因该行为取得的财产，应当予以返还；不能返还或者没有必要返还的，应当折价补偿。有过错的一方应当赔偿对方由此所受到的损失；各方都有过错的，应当各自承担相应的责任。法律另有规定的，依照其规定”的规定，若特许人存在上述可导致合同无效或可撤销的行为，致使《特许经营合同》无效或被撤销，那么被特许人可要求特许人退还加盟费。

第三，特许人存在根本违约行为，导致《特许经营合同》被解除的，被特许人有权要求退还加盟费。

很多特许人在跟被特许人（加盟商）签订合同时，并不会披露所有的信息，这就给了被特许人（加盟商）解除合同的理由。根据《商业特许经营管理条例》第 23 条第 3 款的规定：“特许人隐瞒有关信息或者提供虚假信息的，被特许人可以解除特许经营合同。”这时候被特许人（加盟商）往往会因为特许人未进行信息披露或者信息披露不完整而要求解除合同，退还加盟费。但实践中遇到特许人未进行信息披露的情形，法院并不都会支持解除合同，《特许经营合同》能否得到解除，需综合考虑所涉及的信息是否与核心经营资源有关、与真实情况的背离程度以及是否影响合同目的实现等因素进行判断。

五、结语

特许经营行为是一种商业行为，特许人与被特许人除了应当遵循法律法规对特许经营的相关规定，同时亦需要充分尊重特许经营模式在市场的现状。

特许人和被特许人作为平等的交易主体，一方面，特许人不能倚仗自身掌握的商标、专利、经营模式等经营资源而过度强势，甚至使用“霸王条款”；另一方面，被特许人虽然在特许经营模式中谈判优势不强，但不能因此放弃争取自身的合法权益，亦不能事后以此为借口要求解除合同。

特许经营作为常见的经营模式，特许人与被特许人均应遵守相关法律法规以及双方签订的《特许经营合同》，若由于特许人的原因导致《特许经营合同》无效、被撤销或解除，那么被特许人作为守约的一方，有权要求特许人返还加盟费。

建工企业常见法律风险分析与防范建议

邓春燕[①]

摘要：由于建工企业管理运营模式的特殊性、工程分布的灵活性、人员的流动性及施工周期长等特点，使其在经济活动中遇到的法律问题十分广泛，也存在众多潜在的法律风险。故而建工企业建立完善的合规体系显得尤为重要。本文旨在从维护建工企业合法权益的角度出发，分析常见法律风险及诱因，希望能为建工企业有效防范法律风险提供些许建议。

关键词：建工企业　日常经营　法律风险　防范

一、建工企业常见法律风险

（一）劳动用工常见风险：未依法缴纳保险，发生工伤时企业难逃责任

笔者在为某建工企业提供法律顾问服务8年的时间里，经统计为该企业处理的最多的案件类型为工伤纠纷。一旦工人被认定为工伤，企业则不可避免地被卷入法律风险当中。

由于建工企业具有穿插作业、流水作业的特点，工人的流动性很强，企业管理起来异常困难，因此“如何规范用工”是建工企业的一大难题。即便企业按照最低标准缴纳签订劳动合同所涉及的社保费用，也是一笔相当大

---

① 邓春燕：广东海际明律师事务所律师。

的开销。不少企业出于成本的考虑，往往会选择将工程违法分包给没有资质的企业或包工头。

事实上，目前建工企业甚少会依法与工人签订劳动合同并缴纳社保，哪怕签订劳动合同也仅仅是为了应付相关部门的监管，所签订的合同与实际履行的完全不是一码事，由此给建工企业带来了巨大的用工风险。在笔者经办的一宗劳动案件中，笔者代理劳动者方，庭审时建工企业的代理人就毫不避讳地谈及，虽然建工企业与劳动者签订了劳动合同，但该工程已分包给了其他单位，其没有与劳动者建立劳动关系，不需要承担用工责任。结果可想而知。

（二）合同效力常见风险：变相借用资质、违法违规投标

首先，实践中存在不具备工程建设资质的法人、自然人通过挂靠具备相应资质的法人来承包、分包工程的情况，被挂靠的建工企业通过收取管理费、定额利润等方式出借资质，实际上并不参与工程管理，不进行工程施工。笔者办理的众多建设工程合同纠纷案件中，违法分包、层层转包或挂靠行为比比皆是，触目惊心。

其次，部分建工企业只在乎结果不管过程，通过签订“阴阳合同”低价中标、高价结算，甚至为承接项目欺诈、行贿等。以上行为轻则导致中标无效、赔偿招标人损失、投标保证金和履约保证金不被退还等民事责任；重则因串通投标、合同诈骗、行贿等犯罪行为承担刑事责任。

最后，中标后对合同实质性内容进行变更的情况屡见不鲜。承包人中标后，有的不严格按中标通知书的条款签订合同，有的签订中标合同后又与招标人另行签订建设工程合同，对工程范围、建设工期、工程质量、工程价款等实质性内容作出与中标合同不一致的约定，相关约定因违反法律或行政法规强制性规定而无效，无法作为明确双方权利义务的依据，双方因此产生无限纠纷。

（三）履约常见风险：工程价款结算难、争议大

第一，因计价方式引发争执。在签订合同前，企业对工程造价缺乏合理预判。比如，在双方约定采用固定总价合同时不仔细核对图纸及施工要求；在采用工程量清单计价模式时，不严格留意建设单位要求的工程量清单内容。在合同实际履行过程中，不可预见因素也很多，如建筑原材料受供给紧张、大宗商品价格持续攀升等因素影响，导致原材料价格拉高，建筑成本出现较大波动，处理不慎会冲击建工企业项目利润。这样就会导致如果继续履行合同则可能没有利润，如果不履行合同又会陷入需要承担违约责任的风险。

第二，因垫资施工导致结算复杂化。垫资施工，指的是上手暂不支付预付款、进度款等，建工企业自己先提供或者筹措资金进场施工，等到工程达到了约定的进度，或者全部竣工之后，上手再付款。在实践中，迫于竞争压力等原因，为了能够顺利接到项目，建工企业不得不采用垫资施工的方式。垫资施工存在很大的风险，由此引发的另一个问题是，各个主体之间形成的民间借贷关系大大增加了工程价款结算的复杂性，也增加了结算的难度。

第三，因付款条件是否成就产生争执。施工单位的管理层在履约的过程中，会囿于人情关系，忽略收集、保留工程变更等签证资料；对于建设单位违约等事项证据材料也没有收集及保存意识，以上这些疏忽都会导致付款条件是否成就及工程量的认定等事实难以确认。

二、建工企业常发风险点的原因分析

（一）合同签订前对拟启动项目的尽职调查不足

首先，建设单位资质、资金实力、涉诉情况事关建设单位的履约能力，需要进行全面尽职调查；其次，对工程项目的资金源、报建情况、项目所在

地政策因素等进行审查。如不做好尽职调查，则存在被诈骗，或者中标后由于建设单位资金等原因不能履约，导致不能开工或者开工后中途停工的风险，又或者因缺乏规划及施工许可，建设的项目属违章建筑面临被拆除的风险。

（二）合同签订时忽视对合同主体资格、要素条款及性质的审查

建工企业在签订合同时往往会犯错误。例如，不注重审查合同相对方的缔约资质，没有要求签约代理人提供书面的授权文件，或者所提供的授权文件载明的权限不清。笔者办理的一宗建设工程合同纠纷案件中，签约代理人提供的授权文件载明“全权代理”，而双方签订的书面正式合同又约定结算需由专人处理，由此双方对代理人的权限产生了矛盾。

又如，对合同的核心要素如标的、数量、质量、价款等条款的审查不够严谨，对合同性质表述模糊，甚至在中标后随意变更合同条款，这些行为不仅可能导致纠纷发生后，双方对合同的成立、缔约效力、相对方认定、合同性质认定等多项问题产生争议，同时也可能对后期工程结算产生不利影响，从而损害建工企业的利益。

（三）合同履行中契约精神及规范意识不足

建工企业若疏于合同履行管理，不注重对工程进度节点及合同条款的掌握，就可能导致自己无法及时、全面履行合同，容易诱发工期违约、施工质量纠纷。建工企业还存在工程管理不规范，不严格依照合同约定和施工规范竣工验收、审计结算等情况。

建工企业中项目经理职权滥用现象也比较严重。企业对项目经理管理松散，印章使用、授权范围不规范，工程资金管理缺少合理化的监督、把控，资金的最终流向和预期规划脱节。项目经理抽取、挪用项目资金，恶意不支付材料款和工人工资，将外部债务转嫁建工企业的现象屡见不鲜。笔者办理的一宗买卖合同纠纷案件中，建工企业对项目经理管理不规范，项目经理与

材料商恶意串通，虚报材料款，企业在项目完工结算时才发现不对劲，这严重损害了建工企业的合法权益。

三、建工企业法律风险防范建议

（一）加强劳动用工管理

对于不同的人员类型，企业可区别对待：对于专业技术性强、又需要保持人员稳定的岗位，可以与员工订立无固定期限劳动合同，这样可以减少企业因频繁更换关键岗位的关键人员而带来的损失，使企业保持稳定发展，长期稳定的职业也有利于员工钻研业务技术，更好地为企业服务。对建筑电工、架子工等特种作业和高风险作业岗位的从业人员要严格落实相关规定，确保从业人员安全作业，减少安全事故隐患。否则，一旦出现一单安全事故，就会让企业血本无归。

对于工作相对稳定的人员，如管理人员、财务人员、资料员等，可与其签订固定期限的劳动合同；对于普通的施工现场工作人员，由于其流动性强，签订固定期限劳动合同不便于长期管理，可以签订以完成一定工作任务为期限的劳动合同，这有利于减轻企业用工压力，工程完工合同正常终止。

（二）选对工程分包单位，降低用工风险

首先，建工企业内部应制定分包单位选定流程，力求将工程分包给有资质且资信情况良好的企业法人。选择合适的分包单位，不仅意味着工程项目的顺利进展，意味着安全、质量、进度、成本的保证，还意味着民事责任的承担有保障。不至于一出现纠纷，分包单位就“落跑”，独留建工企业暗自“神伤”。

其次，在合法分包的情况下，若工人发生工伤事故，应由分包单位承担相关的赔偿责任。然而，若分包行为存在瑕疵，如包工头、分包单位无营业

执照、资质证书或借用资质等情况，则该分包行为便是无效行为，总包单位要承担相应的费用和损失。

最后，总包单位在分包工程时，一定要严把审核关，仔细查看分包单位的营业执照、资质证书、安全生产许可证等证书，确保将工程合法分包，从源头上规避风险，以免给企业带来不必要的损失。

（三）加强工资支付监督，完善请款流程

建工企业进行工程分包时，应尽可能要求分包单位提交农民工工资支付专项履约保证金，在分包单位无力支付工程款时能够有所保障。再者，总承包企业对劳务分包企业的用工和工资支付情况要进行监督，及时发现潜在的用工风险，规范分包单位的用工管理，比如对克扣工人工资的分包单位要及时沟通，对不依法签订书面劳动合同的分包单位要向有关部门反映，并要求其补签书面劳动合同。

在笔者办理的多宗工伤案件中，包工头在工人发生事故后，第一时间欲逃避责任，选择不露面。但由于包工头在建工企业处留有一定的保证金，此举迫使包工头不得不出面处理。

（四）提高证据意识，加强举证能力

第一，提高保存证据的意识。摒弃重口头承诺而轻书面确认的思维，特别是对风险预防条款和隐蔽工程的变更签证等，更要予以书面确认，对方予以拒绝确认的，应保留相关证据。

第二，在对方履约出现迟延或履约不当时，应尽量以书面函件等方式向对方发出明确的要求及时正当履约的通知。笔者在日常的建工企业法律顾问工作跟进中，遇到类似情况会建议企业采取多种送达方式，如书面函件、负责人微信送达、短信通知等多种方式，避免对方抗辩没有收到相关的通知。

第三，对于重要证据，如合同、签证、债权凭证等要安排专人妥善保管，确保不丢失，需要时可及时提供。笔者办理建设工程合同纠纷案件时，就发现部分建工企业存在材料管理混乱，资料随意堆放，不能及时查找的情况。

四、结语

在我国经济快速发展、城市不断更新的今天，建工领域业务飞速发展。而建工企业的特性决定了其容易诱发众多法律风险，所以建工企业要想增强企业的竞争力，把企业做大做强，就需要在合法用工、降低企业用工风险的前提下，依法完善企业的各类管理制度、风控制度等，做好合同签订和资料管理等方面的对策和措施，最大限度地降低建工企业经营中的法律风险。

药品买卖合同纠纷的若干争议分析与法律风险防范

——以一宗国家医保目录的药品买卖系列案为例

孙新星①

摘要：本文案例涉及的合同与主体较多，各合同之间有延续与变更，也有新的合意，需明确合同的实际履行主体；合同标的物较为特殊，是国家医保目录中的药品，交易方式与普通买卖交付不同，需以生产商名义参与药品交易中心组织的竞价投标，因此也导致案涉合同未能完全履行而发生争议。对于所涉争议，合同双方均提起了诉讼。本文着重就案涉争议焦点作出评析，分析案例买卖交易过程中的不合规之处与法律风险，提出相应的防范对策，对同类交易有具体的指导意义。

关键词：实际履行主体　药品销售　竞价投标　两票制　重复起诉

一、案情简介

某翔公司、某奇集团、某奇公司与某州公司买卖合同纠纷系列案件②，由本文作者代理并已完结。本案例涉及4个合同的签订与履行，2014《合作

① 孙新星：广东广信君达律师事务所律师。

② 参见：（2021）粤01民终27240号；（2022）粤01民终16229号；（2022）粤0106民初9043号。

协议》、2016《合作协议》、2018《合作协议》以及《还款补充协议》，由此引发3起民事诉讼。2014年8月11日，某翔公司与某州公司签订2014《合作协议》，协议约定某翔公司在广东省一区域内销售依达拉奉注射液，任务量100万支，供货价格为7.8元/支。在实际履行过程中，某翔公司未参与合同履行，货款730万元由其关联方某奇公司支付，保证金50万元由某奇公司委托母公司某奇集团支付。因协议药品销售需参与集中竞价投标，双方投标报价直到2015年5月才首次中标，某州公司于2015年5月12日开始陆续向某奇公司供货。

2016年4月26日，在2014《合作协议》任务量未完成的情况下，某州公司与某奇公司又签订2016《合作协议》，协议约定某州公司授权某奇公司销售协议产品数量为70万支（注：上年协议任务延续顺加），货款总价546万元，某奇公司按约预付全部货款。2017年3月，因协议药品生产商的药品生产质量管理规范证书被召回，导致此后半年未能参与药品交易中心的竞价投标。

2018年8月3日，某州公司与某奇公司又签订2018《合作协议》，对2016《合作协议》的履行情况作了结算与变更，并将2016《合作协议》未完成供货的剩余货款作为2018《合作协议》的预付货款。由于药品销售实行“两票制”的原因，2018《合作协议》附件产品政策，另行约定某奇公司指定的下游商业公司付款给生产商，某州公司安排生产商发货给某奇公司或者其指定的下游经销商。

2018《合作协议》双方未履行完毕，某奇公司与某州公司对2018年11月前的交易进行了结算，并就某州公司向某奇公司返还借款、预付货款、货款返款等达成一致意见，签订了《还款补充协议》。协议签订后，就该协议确定的债务金额，某州公司未向某奇公司支付过任何款项。

2020年4月，某奇公司向法院提起诉讼，要求某州公司归还某奇公司的借款及违约金，以及向某奇公司支付预付货款、返款以及违约金等。

2021 年 6 月，某州公司认为某翔公司、某奇公司未完成销售任务，存在违约行为，依据 2014《合作协议》向法院提起诉讼，要求某州公司无须返还某翔公司保证金和剩余货款，并要求某翔公司、某奇集团、某奇公司共同向某州公司支付违约金。某州公司依据 2016《合作协议》向法院提起诉讼，要求某州公司无须返还某奇公司保证金和剩余货款，并要求某奇公司赔偿损失。

二、案例评析

本案例是涉及国家医保目录药品交易的系列纠纷案，合同双方均认为对方违约，向法院提起了三个诉讼。该系列药品买卖纠纷的诉讼有一定的代表性。首先，涉及的诉讼主体较多，签约主体与实际履行主体不一致，因此事先需明确协议的责任主体。其次，协议约定的交易方式也复杂，因涉及国家医保目录中的药品买卖，需要参加药品交易中心的竞价投标，中标后才能履行相应的交付，属于附条件的买卖合同，与传统买卖交易不同。再次，本案例涉及四个协议的签订与履行，协议之间有延续与变更，也有达成新的合约，协议多且内容频繁变更，需要准确判断协议内容是否变更，是否存在违约行为等。最后，本案例就同一法律事实，合同各方截取其中部分内容提起三个不同的诉讼，是否存在重复起诉，是否有滥用诉讼之嫌疑，值得认真研究分析。

（一）合同实际责任主体的确定

本案例中 2014《合作协议》的签约主体是某州公司与某翔公司，但是某翔公司没有参与合同的履行，并未实际享有合同权利，也未履行任何合同义务，实际履行主体是某奇公司。首先，在本案例中，某奇公司按照协议约定委托其母公司某奇集团支付保证金，其余全部货款由某奇公司预付。因此，某奇公司履行完成该合同的主要义务。其次，在货物交付过程中，某州公司是向某奇公司交付货物的，交货的《进货随货同行单》以及开具的货物增值税发票，接收主体均是某奇公司。所以，某奇公司实际享有合同权利，接收交付的货物，某州公司是知情且同意的，并实际向某奇公司履行交付义务。最后，关于协议产品的销售，也是某州公司与某奇公司共同参与药品交易中心的投标，共同协商报价，并按约向采购方交付产品。综上所述，某奇公司是合同的实际责任主体。另外，2016《合作协议》的签约主体变更为某州公司与某奇公司，并注明上年协议任务延续，可以看出某州公司与某奇公司经协商一致，达成新的合意，变更了2014《合作协议》的合同主体，即某翔公司变更为某奇公司。

在本案例中判断合同实际责任主体时，需要审查合同权利和义务由哪方实际享有与承担，合同相对方是否知情与同意。在交易过程中，审查合同相对方是否与实际责任主体进行交易，并向实际责任主体履行主要义务，以及签约主体是否履行过合同义务等方面问题。另外也要关注后续合同对前述合同的主体与内容是否有变更的约定，进而判断合同的实际责任主体。

（二）药品交易有前置条件，属于附条件的买卖合同法律关系

本案例虽然是某州公司与某奇公司的买卖合同法律关系，但是交易标的物较为特殊，是国家医保目录里的药品，需要按照相关法律规定的方式进行交易。某州公司是交易标的物的全国代理商，某奇公司是省级代理商，常规情况下都是某奇公司下达采购指令，某州公司直接向某奇公司交付货物即可。但是因标的物特殊，需要参加药品交易中心组织的竞价投标，且由双方指定专人共同以协议药品生产商的名义参加竞标。三份《合作协议》中招标管理第2款报价管理均约定：“广东招标每个月报价之日，某州公司、某奇公司双方指定专人共同现场报价，在不低于市价的条件下某奇公司拥有对具体报价结果的决定权，低于市价的报价结果由双方共同协商确认，并以纸

质签名为准。”某州公司维护协议产品在全国的中标价。因此，根据这些合同约定和药品交易方式的法规规章的规定，某奇公司能否销售出协议产品，是以药品生产商符合药品交易中心规定的投标资质，以及协议双方共同报价且中标为前提的，这也是本案例买卖合同能否顺利交付完成所附的前置条件。否则，某奇公司即使收到协议的产品，也无法对外销售。同时，对于所附的交易条件，合同相对方即某州公司是知情同意的，并与某奇公司共同参与产品的竞价投标。在本案例交付履行中，交付货物也都是在中标后，才由某州公司向某奇公司或者第三人供货。尽管《合作协议》中没有明确约定协议产品中标为买卖合同生效的前提，但根据合同相关约定与协议产品交易必须执行竞价投标流程的特别规定，协议产品参与竞价投标且中标是三份《合作协议》实际生效的前提与条件。

在本案例中，因产品生产商涉嫌违规，被当地药监局召回药品生产质量管理规范证书，导致在这期间不能参加药品交易中心的竞价，合同双方无法完成买卖交易，直接影响销售任务的完成。因此，本案例涉及的交易方式是复杂且附条件的，需要生产商符合竞标资质且投标报价中标后，才能进行实际的交易。所以，在药品买卖合同纠纷当中，当买方未完成销售任务判断其是否存在违约行为时，需审查是否附有特别的前置条件以及所附交易条件是否成就。

（三）合同当事人提起的多个诉讼，可能构成重复起诉

本案例涉及四个协议的签订与履行，各协议之间有着协议内容的延续、变更，以及达成的新合意，某奇公司依据四个协议提起索赔诉讼，某州公司依据其中两个合同，分别提起诉讼，主张某奇公司违约应赔偿，是否构成重复起诉，根据《最高人民法院关于适用〈中华人民共和国民事诉讼法〉的解释》第 247 条的规定，需要从以下几个方面予以审查与判断。

首先，后诉与前诉的当事人是否相同。根据对该条内容的理解，这里仅

仅要求后诉与前诉的当事人相同，并不要求当事人的诉讼地位相同。本案例中，两个案件的当事人是相同的，涉案的主要当事人均为某州公司和某奇公司，是两个案件的权利和责任主体。虽然前诉案中担保人参与诉讼，是诉讼一方的当事人，但是在该诉讼案件中，担保人并不独立承担民事责任，担保人与债务人是从属关系，并依赖于债务人是否承担责任。后诉案中，某州公司也起诉了某奇公司的母公司某奇集团，但其依据也是两家公司经营混同，需共同承担责任，实质责任主体仍是某奇公司。所以，本案例中，明面上前诉与后诉两案的当事人不是完全相同，但是主要权利与责任的当事人是相同的，其他诉讼当事人的责任均依赖于主要责任的当事人，属于从属关系。因此，在判断是否构成重复诉讼，审查后诉与前诉的当事人是否相同时，应当依据诉讼权利与责任的主要当事人来判断，要求承担附属的担保责任、连带义务的当事人不应作为前诉与后诉当事人不相同的依据。

其次，后诉与前诉的诉讼标的是否相同。所谓诉讼标的是指当事人之间所争议的法律关系。本案例中，前诉、后诉两个案件的诉讼标的是相同的，两个案件的起诉依据均为2016年4月26日签订的依达拉奉注射液的《合作协议》及其后续相关协议约定产生的产品交付和货款支付义务等，都是基于该买卖合同法律关系提起的诉讼。

最后，后诉与前诉的诉讼请求是否相同，或者后诉的诉讼请求是否实质上否定前诉裁判结果。在本案中，前诉与后诉两个案件的诉讼请求是互为否定的，且后诉请求实质上否定前诉已有的判决结果。2020年4月，某奇公司起诉某州公司买卖合同纠纷的诉讼请求，是要求某州公司返还剩余货款、保证金、借款以及赔偿违约金，并获得法院一审判决支持。在前诉案件的受理法院作出一审判决后，2021年6月，某州公司起诉了某奇公司，请求无须向某奇公司返还保证金、剩余货款以及赔偿违约金。前诉与后诉两个案件的诉讼请求完全相反，互为否定，且实质上否定了前诉的裁判结果。

因此，根据《最高人民法院关于适用〈中华人民共和国民事诉讼法〉的解释》第 247 条的规定，当事人重复起诉的，裁定不予受理；已经受理的，裁定驳回起诉。本案例中前诉与后诉完全符合上述条件规定，构成重复起诉，应依法不予受理。

三、本案例中的法律风险及对策

本案例涉及多个法律风险点，诉讼过程中对方当事人也就针对这些风险点作为其抗辩的理由或者突破口，如上述的签约主体与实际履行主体不一致，关联母公司代付保证金或者货款而被列为被告，交付货物与接收货物的主体和合同主体不一致等，这些风险在实际操作中合同主体双方都没太注意，事后也没有完善相关的手续或者协议，导致后期发生纠纷时，整个买卖交易就显得不合规，也不符合约定，极大地增加合同当事人的风险。其实，就本案例所涉及的法律风险，可以通过一些手段补救或变更，从而完善整个买卖交易。

（一）及时就合同变更事项签订补充协议

本案例中 2014《合作协议》的签订主体是某翔公司与某州公司，但是在后续履行过程中，某翔公司已退出，均是由某奇公司代替某翔公司履行支付货款的主要义务，某州公司接收货款后也是向某奇公司交付的货物。虽然合同双方没有就这一变更作出书面的约定，但是各方均承认并接受这一变更事实，且履行了主要义务。因此，2014《合作协议》在实际履行过程中已发生实际性的变更。如果某翔公司不与某州公司就这一变更事项签订书面的协议，那么可能被合同对方认为是第三人加入合同债务。根据《民法典》第 552 条的规定，第三人加入债务的，债权人可以请求第三人在其愿意承担的债务范围内和债务人承担连带债务。合同相对方也会因此主张债务人、第三人承担连带的责任。在本案例的几个诉讼中，某州公司就是基于此规定，要求某翔公司、某奇公司承担共同的违约赔偿责任。所以，在买卖合同事项发生实质性变更，或者已将合同的主要权利义务转给第三人时，应当及时签订补充协议予以确定。否则，仅凭各方的默认与履行情况，并不能完全免除签约主体的法律责任。

（二）委托付款的风险与对策

本案例中，某奇公司委托其母公司某奇集团代付保证金和部分货款，这在现实交易中也时常发生，增加了母公司的法律风险。某州公司提起的诉讼请求，其中一项就是某奇集团为某奇公司的违约赔偿责任承担连带责任，其主要理由是认为母公司与子公司在人员、业务、财务等方面存在混同经营。根据《民法典》第523条的规定："当事人约定由第三人向债权人履行债务，第三人不履行债务或者履行债务不符合约定的，债务人应当向债权人承担违约责任。"委托第三人支付款项是合法有效的，但是要隔离母公司的法律风险，避免子公司被认定在财务、业务上的不独立。所以，在委托第三人付款而合同没有明确约定时，债务人应当向债权人出具《委托付款通知书》，明确告知债权人委托付款事项。

（三）双方分别指定第三人履行合同义务的风险

本案例所涉合同主体是某州公司与某奇公司，但是交易标的物较为特殊，是国家医保目录的药品。合同签订后，遇到国家推行药品采购领域的"两票制"改革，药品从药厂卖到一级经销商开一次发票，经销商卖到医院再开一次发票，以"两票"替代目前常见的七票、八票，旨在减少药品流通环节。因此，导致本案例合同双方不能像之前那样，互相之间直接履行交付与支付义务。在合同双方竞价中标后，某州公司会要求生产商向某奇公司或者某奇公司指定的经销商供货，直接省掉合同双方之间的流通环节，由生产商直接将药品交付给某奇公司或者其指定的经销商，落实药品销售的"两票制"。在这过程中，合同双方都可能指定第三人履行合同义务，如某州公司指定生产商代为履行供货义务，某奇公司指定下级经销商接收货物。因此，送货单、增值税发票上的主体与本案例合同主体完全不同。在本案例诉讼中，就合同已履行完成进行举证时，此项证据就存在瑕疵，并不能完全有效地证明该事实，缺失了合同双方指定第三人履行义务的证据。因此，在买卖合同中，如遇合同双方均需要指定第三人履行义务，双方应当向对方下达书面指令，或者就指定第三人履行达成新的合约，以免发生实际履行主体与合同主体完全不关联的情况。

从一起非法吸收公众存款罪及集资诈骗罪案例看企业融资过程中的刑事法律风险防范

方琼燕[①]

摘要：随着企业不断发展壮大，资金需求也会越来越大，依赖企业自有资金不足以支撑发展，这时企业融资就不可避免。企业融资方式有多种，有金融机构融资、网络融资及民间融资，本文探讨的是企业在民间融资过程中刑事法律风险的防范，以笔者经办的一例非法吸收公众存款罪及集资诈骗罪案例为基点，详细阐述企业融资过程中的刑事法律风险防范，让企业既能融资成功，亦能平安融资。

关键词：企业融资　非法吸收公众存款　集资诈骗　刑事风险防范

一、案例简介

笔者经办的一则非法吸收公众存款罪及集资诈骗罪案例，案件事实如下。[②] 广东某某实业投资有限公司（以下简称广东实业公司），是一家主要从事批发业的企业，成立于2013年，法定代表人熊某某。企业在经营过程中出现资金困难，为了缓解企业资金紧缺以维持企业继续经营，2014年2

---

① 方琼燕：广东舜华律师事务所律师。

② 本案例为作者在某些真实案例基础上，为说明法律问题，编辑、加工而成。

月至2015年4月，被告人熊某某、袁某某伙同张某、吴某某、胡某某以投资经营服装城、搅拌站、饮料厂、食品厂、鞋厂等名义，虚构高额高息回报，以向社会不特定人员融资形式，实施集资诈骗行为。在此期间，被告人赵某某、陈某某等18人以上述投资经营名义，未经金融监管部门批准，违反国家金融管理法律规定，从事向社会公众吸收资金行为。经审计，截至2015年4月，受害人数784人，涉案金额8058万元人民币，前述款项，除部分用于支付被害人按照合同所得利益以及维持投资企业日常开支外，大部分被熊某某等人分赃，造成被害人损失7404.7万元。

法院认为，被告人熊某某、袁某某构成集资诈骗罪，因本案黄某某、温某某等多名被害人的陈述及报案材料、借款合同、收款收据等书证，证实熊某某召集其余被告人以投资服装城、搅拌站、饮料厂、食品厂、鞋厂等名义，以高息为利诱，骗得被害人投资款的事实。吴某某、张某、陈某等证人证言，证实服装城没有实际经营，证人陈某某、向某某证实熊某某没有投资经营饮料厂、食品厂项目。证人徐某证言，证实广东实业公司熊某某仅向鞋厂投资过300多万元，意图建立广东实业公司的品牌但因资金链断裂双方没有继续合作。被告人熊某某的供述，证实广东实业公司成立融资团队，以高额回报为诱饵向社会公众吸收款项，其中48%用于融资团队提成，剩余52%用于支付客户本金利息、公司日常经营、项目投资。上述证据相互印证，足以认定熊某某、袁某某伙同他人，虚构项目投资回报，向社会公众非法集资，骗取被害人财物的事实。

被告人熊某某、袁某某无视国家法律，以非法占有为目的，虚构事实，隐瞒真相，使用诈骗方法非法集资，数额特别巨大，其行为已构成集资诈骗罪。被告人赵某某、陈某某等18人违反国家法律，从事非法吸收公众存款行为，扰乱金融秩序，其行为已构成非法吸收公众存款罪。一审法院依法判决被告人熊某某犯集资诈骗罪，判处无期徒刑，剥夺政治权利终身，并处没收个人全部财产；被告人袁某某犯集资诈骗罪，判处有期徒刑 8 年，并处罚金 20 万元；其余 18 名被告人犯非法吸收公众存款罪被判处 2 年至 8 年不等有期徒刑，并处罚金。其后，部分被告人不服一审刑事判决，提出上诉，二审法院裁定驳回上诉，维持原判。

二、律师评析

从上述案例可看出，涉案企业在融资过程中触及刑法，涉及两个罪名：非法吸收公众存款罪及集资诈骗罪。

（一）非法吸收公众存款罪的概念

我国《刑法》第 176 条规定的非法吸收公众存款罪，是指违反国家金融管理法规非法吸收公众存款或变相吸收公众存款，扰乱金融秩序的行为。根据《最高人民法院关于审理非法集资刑事案件具体应用法律若干问题的解释》第 1 条规定："违反国家金融管理法律规定，向社会公众（包括单位和个人）吸收资金的行为，同时具备下列四个条件的，除刑法另有规定的以外，应当认定为刑法第一百七十六条规定的'非法吸收公众存款或者变相吸收公众存款'：（一）未经有关部门依法许可或者借用合法经营的形式吸收资金；（二）通过网络、媒体、推介会、传单、手机信息等途径向社会公开宣传；（三）承诺在一定期限内以货币、实物、股权等方式还本付息或者给付回报；（四）向社会公众即社会不特定对象吸收资金。未向社会公开宣传，在亲友或者单位内部针对特定对象吸收资金的，不属于非法吸收或者变相吸收公众存款。"

（二）集资诈骗罪的概念

我国《刑法》第 192 条规定的集资诈骗罪，是指以非法占有为目的，违反有关金融法律、法规的规定，使用诈骗方法进行非法集资，扰乱国家正常金融秩序，侵犯公私财产所有权，且数额较大的行为。根据《最高人民法院关于审理非法集资刑事案件具体应用法律若干问题的解释》第 7 条第 2 款规定，“使用诈骗方法非法集资，具有下列情形之一的，可以认定为‘以非法占有为目的’：（一）集资后不用于生产经营活动或者用于生产经营活动与筹集资金规模明显不成比例，致使集资款不能返还的；（二）肆意挥霍集资款，致使集资款不能返还的；（三）携带集资款逃匿的；（四）将集资款用于违法犯罪活动的；（五）抽逃、转移资金、隐匿财产，逃避返还资金的；（六）隐匿、销毁账目，或者搞假破产、假倒闭，逃避返还资金的；（七）拒不交代资金去向，逃避返还资金的；（八）其他可以认定非法占有目的的情形”。

三、案例中触犯非法吸收公众存款罪及集资诈骗罪的行为分析

（一）广东实业公司未取得金融监管部门吸收资金的许可文件或证照，不具备向社会不特定公众融资的资质，其行为扰乱国家金融秩序

金融机构如银行或信用社等均取得了相关金融监管部门颁发的经营资金业务的金融许可证照，因此其依法具有向社会不特定人员吸存资金的资格，而广东实业公司属于民营企业，经营范围为批发业，其不具有向社会不特定公众吸存资金的资质条件，而其突破经营范围擅自吸收资金行为违反了国家对金融秩序的管理，扰乱了金融管理秩序。

（二）广东实业公司采取社会公开宣传方式融资，融资途径违法

非法吸收公众存款罪客观行为表现在向社会公开宣传，而公开宣传可通过传单、媒体、推介会、广告等线上线下途径，本案广东实业公司宣传吸收资金的途径是向社会公开宣传，涉及面广，受害人数众多，涉案资金数额特别巨大，造成了恶劣社会影响，影响了正常的金融管理秩序，侵害了国家利益，因此需予以刑事打击。

（三）广东实业公司吸收资金对象为社会不特定公众人员，融资对象落入非法吸收公众存款罪的受害对象范围

广东实业公司如只在亲友或者单位内部针对特定对象吸收资金，则不属于非法吸收或者变相吸收公众存款。而本案中，广东实业公司吸收资金涉及受害人784名，均为社会不特定对象人员，涉及人数众多，受害人经济损失特别巨大，且大多数受害人为中老年人，投资款项来源于其退休金或多年积蓄，最后所投资金大多血本无归，损失极为惨重。

（四）广东实业公司涉案人员存在承诺高额利息固定回报行为

这也是触犯非法吸收公众存款罪的客观行为表现，本案中，广东实业公司与众多投资者签订借款合同，承诺月息2%，存在承诺固定回报行为，且以高息吸引投资者投资，方导致所吸收资金高达8058万元，广东实业公司知悉如无承诺高息固定回报作为吸引条件，是无法吸收到巨额资金的。

（五）广东实业公司涉案人员熊某某、袁某某存在非法占有为目的，虚构项目投资回报，触犯集资诈骗罪的客观行为表现

广东实业公司负责人熊某某组织、领导本案非法集资行为，主观上存在非法占有为目的，虚构项目及投资回报，存在非法占有资金行为，骗取被害人财物的事实，因此被告人熊某某、袁某某构成罪名区别于其他被告人，构成集资诈骗罪。

四、企业融资刑事风险防范建议

企业融资不可避免，私营企业普遍存在融资难的问题。金融机构对企业融资的要求较为严苛，企业通过民间融资方式寻求资金支持是正常途径，因此，针对企业如何防范融资过程中的刑事风险，法律顾问如何为企业融资保驾护航，本文提出如下刑事风险防范建议。

（一）企业融资对象特定，且不采取公开宣传方式融资

企业遇到资金困难时，可在亲友或者单位内部针对特定对象吸收资金，因亲戚朋友或公司员工不属于不特定社会人员，不属于非法吸收公众存款罪的侵害对象范围。但需要警惕的是，所吸收资金应为亲友或公司人员的自有资金，亲友不得变相通过接收他人投资后再投资给企业，或者变相将非单位人员转为单位内部人员吸收资金，这同样构成非法吸收公众存款罪。企业需要严格审核亲友的资金来源，且需亲友提供款项来源证明如银行流水。

（二）企业融资资金确保用于企业经营，不得用于非经营用途或挥霍、逃避返还资金

企业融资后，应专款专用，切实用于企业经营，如支付员工工资、购买原材料、支付租金或宣传等，且须账目清晰，凭证完整，有据可查，不得用于非经营用途或私人用途、购买资产或挥霍，否则将存在被认定为诈骗的风险，存在非法占有的主观目的，触发刑事责任。

（三）企业可通过股权融资，以增资形式融资

民营企业由股东投资设立而成，股东享有公司股权，股权为股东个人资产，在企业存有资金需求时，企业可通过股权融资方式取得资金，该方式需以稀释股东股权比例作为代价，且涉及公司估值，客观公允的企业估值是股权价值的计算依据和基础，以增资方式将投资者资金投入公司也是企业融资的重要方式，亦为合法融资方式。

（四）企业可通过股权质押或知识产权质押方式融资

企业如享有自有知识产权如专利权、商标权、著作权，可通过知识产权质押方式抑或股权质押方式取得企业融资，这种方式对创新型高新技术企业较为适用，因其自有的知识产权具有竞争力，享有较高价值。

（五）在涉嫌非法吸收公众存款罪或集资诈骗罪的情形下，企业应穷尽方式清退资金，及时止损，让企业融资刑事风险和责任后果降到最低

根据《最高人民法院关于审理非法集资刑事案件具体应用法律若干问题的解释》第6条第1款、第2款规定："非法吸收或者变相吸收公众存款的数额，以行为人所吸收的资金全额计算。在提起公诉前积极退赃退赔，减少损害结果发生的，可以从轻或者减轻处罚；在提起公诉后退赃退赔的，可以作为量刑情节酌情考虑。非法吸收或者变相吸收公众存款，主要用于正常的生产经营活动，能够在提起公诉前清退所吸收资金，可以免予刑事处罚；情节显著轻微危害不大的，不作为犯罪处理。"企业在融资过程中涉嫌非法集资情形时，应及时清退资金，争取最大限度从轻、减轻或免除刑事处罚，致使企业受到最小限度影响，情节显著轻微危害不大，依法可不作为犯罪处理。

（六）加强企业合规管理，防范企业融资刑事风险

企业可聘请合规顾问对企业进行刑事风险排查，从企业设立、经营、融资、财务、商业模式等方方面面进行全面梳理，找出刑事风险点，制订确实有效的合规整改方案计划，按照方案计划推进，制定确实有效的企业融资合规制度及具体落实措施，堵住企业融资及其他经营过程中的刑事风险。

五、结语

获利是企业的经营目的，融资也是企业经营过程中绕不开的环节，更是企业做大做强的途径。君子爱财，取之有道，对企业这个"君子"而言，要注重"道"的遵循，法律是更广意义上的"道"，企业融资取得有道，要合法合规，不得触犯刑事法律，违背"道"，自然会受到处罚，面临刑事责任追究，得不偿失。因此，企业融资前应三思而行，多听取企业法律顾问的意见，综合考虑，制订合法合规的融资方案计划，让融资不但给企业雪中送炭，更为企业锦上添花。

第四部分

企业用工问题

员工在关联公司之间异动后，用人单位惩戒权的承接范围及使用原则

翁俊永[①]

摘要：在为企业提供法律顾问服务的过程中，笔者发现，企业因员工违纪行为而解除劳动合同属于常发的问题。如果企业为集团公司，即集团具有多个关联公司或旗下所属公司，经常发生员工在关联公司之间调任的情况，任职期间员工的违纪行为及对公司造成的损失，存在较多风险。本文主要讨论的是对前任用人单位未处理的违纪行为，现任用人单位能否有权处罚。现司法实践中较少有类似的指引及案例予以参考。本文通过对两则案例（虽暂未涉及司法程序，但均是企业在日常运营中真实发生的案例）进行分析及反思，探究企业应当如何应对该类风险。鉴于本文主要讨论的是关联公司之间的劳动合同变更，因此，无特别说明，本文当中提及的劳动合同变更均表明关联公司与员工之间已达成用人单位变更的合意。

关键词：关联公司　员工异动　惩戒权承接　惩戒权的法理基础及使用原则

---

① 翁俊永：广东卓信律师事务所律师。

一、企业案例[①]及问题的提出

（一）案情简介

案例 1：客户的一名员工原任职于其集团旗下的 A 公司，上一年由于工作需求的原因，通过三方协议，将原劳动合同的用人单位变更为 B 公司。三方协议中约定由 B 公司承接原劳动合同的权利义务。该员工在 B 公司任职期间，第三人起诉了 A 公司要求支付相应的欠款，理由在于该员工在 A 公司工作期间对外签署了欠款确认函。法院最终认定该员工签署确认函的行为构成表见代理，判决 A 公司败诉，需要对第三方支付约 12 万元。但是，在第三方起诉之前，A 公司、B 公司均不知道该员工存在前述行为。经调查，该员工自认其行为违反规定，属于未经公司授权的行为。该员工已签收集团公司颁布的员工手册及规章制度，前述制度规定适用于集团旗下的所有主体，包括 A 公司、B 公司。

案例 2：客户的一名员工于 2014 年入职 C 公司。2018 年 8 月 C 公司发现，该员工所在团队存在违规收取经销商款项的情况，其作为该团队成员参与分配了前述违规款项。同月，C 公司与该员工进行了第一次面谈并形成书面记录，员工确认了前述事实。2019 年 9 月，C 公司正式向公安部门报案，公安部门正式立案。同月，C 公司再次与该员工进行面谈。2020 年该员工与 C 公司及其关联公司 D 公司签署三方协议，将原劳动合同的用人单位变更为 D 公司。三方协议中约定由 D 公司承接原劳动合同的权利义务。2021 年 D 公司与该员工签署了无固定期限劳动合同。2023 年检察院作出了公诉决定，将该员工的主管作为被告人提起公诉，公诉书中列出该员工为证人。该员工的违法所得已经退回。该员工已签收集团公司颁布的员工手册

① 本案例为作者在某些真实案例基础上，为说明法律问题，编辑、加工而成。

及规章制度，前述制度规定适用于集团旗下的所有主体，包括C公司、D公司。

（二）问题提出

针对上述两个案例，客户提出如下问题：

第一，现任公司是否有权基于员工的违纪行为作出解雇决定？

第二，现任公司是否有权追偿员工造成的损失？

第三，企业在合规层面采取何种措施可以降低风险？

上述两个案例看似是两个普通的员工违纪处罚问题，但是存在一定的特殊性。即员工与现任用人单位建立劳动关系均是通过劳动合同变更用人单位的方式予以建立，即员工与前任用人单位、现任用人单位之间签署三方协议，由现任用人单位承接原劳动合同的权利义务。两任用人单位是同一集团下的关联公司。同时，员工的违纪行为均由员工自认或由生效判决文书予以认定，员工存在违纪事实是毋庸置疑的。但是，员工的违纪行为并非发生在其现任的用人单位，而是发生在前任用人单位，并且前任用人单位均未对员工进行处罚。在此情况下，现任用人单位是否可以解雇员工或追偿损失，则需要对用人单位的"惩戒权"进行分析及探讨。

对于员工在前任用人单位任职期间未被处罚的违纪行为，现任用人单位对该行为是否有处罚权？即通过劳动合同变更，现任公司承接的用人单位权利义务是否包括处罚权？

二、具体分析

（一）惩戒权的法律规定及性质

本文提及的"处罚权"亦称"惩戒权"，该权利是用人单位为了维护其日常经营生产秩序，通过设立规章制度对员工进行管理，当员工出现违规行为时，用人单位对员工进行处罚或惩戒的权利。对于处罚权，我国现有的法律规定主要集中于《劳动合同法》第4条、第39条。但是这两条规定的内容还是相对笼统，对惩罚权的承接问题并未明确提及。可见，我国现有法律规定对惩戒权或处罚权是否随劳动合同变更，与其他权利义务一起由新用人单位承接（包括承接对原用人单位未处理的违纪行为的惩罚权）并没有明文规定。而《劳动合同法》第1条则明确规定，其立法目的是明确劳动合同双方当事人的权利和义务，保护劳动者的合法权益，该条规定对员工而言是“尚方宝剑”。当法律没有规定时，对惩戒权的承接是否需要倾向于作有利于劳动者的解释存在不明。

笔者认为，判断该权利是否可以通过劳动合同变更从而由新用人单位承接，我们需要了解该权利的法理基础及性质，并以此作为判断依据。

（二）惩戒制度或惩戒权的法理基础

关于惩戒制度的法理基础，学者的主要代表性观点如下。

1. 契约说。该说认为，雇主对劳动者的惩戒，是基于劳动者与用人单位的合意。也就是说，用人单位必须取得劳动者明示或默示的同意，才能取得惩戒权。因而惩戒所依据的是劳动合同或是工作规则上的规定，但是工作规则上的惩戒事由属于限制列举规定，不能进行任意扩张。[①]

2. 固有权说。该说认为惩戒权是用人单位为了保证劳动者的工作规律，稳定企业的经营秩序的实际要求，所应当拥有的一种当然权利，因此惩戒权是企业经营权中一个十分重要的方面。固有权说认为：用人单位对劳动者采取的任何制裁行为，即使是在没有法律规定和劳动规章的规定下，也是合法的行为。而且该说认为企业规章制度中所列举的内容只具有举例示范的作用。[②]

3. 法律规范说。该说认为，劳动法调整下的惩戒制度是以劳动基准法

---

① 刘文华等：《专家热议：劳动纪律和惩戒制度》，载《中国劳动》2008年第9期。

② 张在范：《论我国劳动违纪惩戒法律制度的新框架》，载《中州学刊》2006年第6期。

的规定为依据的，是来自法律法规的授权。用人单位的规章秩序是以劳动法的有关规定为依据制定的，故用人单位可以依此而享有对劳动者的惩戒权。用人单位所享有的惩戒权并非法律所赋予的一种在私权上惩戒的权利，而是“由国家授予的一种存在于经营体之上的司法权”。①

4. 集体合意说。该说认为，惩戒权是以用人单位和劳动者的“集体合意”为基础的。用人单位的规章制度是当事人“集体合意”下的产物，故用人单位有关规章制度内容的修改需要劳动者的集体意志予以表决，否则将不会发生任何法律效力。但是，如果用人单位的规章制度是在劳动者集体意志的基础上实现的，劳动者就必须对用人单位的规章制度予以实行，用人单位就可以对劳动者的违规行为进行惩戒。②

综上，结合我国现有的法律规定，即《劳动合同法》第 4 条规定，我国承认用人单位有权利制定其内部的规章制度，同时，对于关涉职工切身利益的条款，须提交职工代表大会或全体职工讨论，并与工会或职工代表协商确定。根据相关的司法解释，用人单位规章制度不违背法律、行政法规和政策的规定，符合法定程序，向劳动者公示，方可作为处理员工的依据。同时，《劳动合同法》规定了法定的用人单位的单方解除权。可见，我国并没有单独采纳上述单一观点，从现有规定来看，更倾向于“集体合意说”与“法律规范说”的综合体。

（三）惩戒权的性质

劳动关系在我国也称劳动合同关系，本质上具有私法的性质。劳动者加入用人单位这个组织群体是基于劳动契约，且用人单位是基于保障自身的生产经营活动才对劳动者违反秩序的行为进行制裁的。故用人单位的惩戒权是

---

① 武波：《劳动法调整下的惩戒制度》，载中国法院网，https：//www.chinacourt.org/article/detail/2015/11/id/1758971.shtml，最后访问时间：2024 年 8 月 21 日。

② 武波：《劳动法调整下的惩戒制度》，载中国法院网，https：//www.chinacourt.org/article/detail/2015/11/id/1758971.shtml，最后访问时间：2024 年 8 月 21 日。

契约和集体合意的作用下形成的。更深层次地说，无论是契约还是集体合意在传统上都是私法方面的问题。[①]

鉴于劳动者与用人单位两者的不平等地位，如果“惩戒权”完全交由双方合意，则可能损害劳动者的权益。因此，为防止用人单位滥用“惩戒权”，《劳动法》《劳动合同法》及相关司法解释对用人单位行使“惩戒权”进行了限制，不能损害劳动的权益。但是，在员工与新、旧用人单位达成合意的情况下，惩戒权（包括对劳动关系转移前的违纪行为的惩戒）的承接是基于“劳动契约”的变更而产生的，并不是用人单位滥用“惩戒权”的体现，新用人单位适用“惩戒权”同样需要符合《劳动法》等规定的限制。

结合上述内容，笔者认为，基于劳动契约合意产生的权利，劳动法等规定对其调整或限制是为了防止权利的滥用，并没有改变其本质，作为契约中的权利义务经契约各方的同意可以进行转让及承接。

（四）我国司法实践中的观点

在“某食品饮料有限公司北京分公司与吴某劳动争议案”[②] 中，法院的意见基本上支持笔者的观点。该案中，劳动者与原用人单位、新用人单位（两者为关联公司）签署的劳动合同变更协议中约定：劳动关系并不中断，只是新用人单位承接原用人单位在劳动关系中全部权利义务。员工管理保持不变，前用人单位对员工执行过的管理措施仍然适用，且此前的所有管理规定依然有效，包括但不限于规章制度（含制度签收/公示）、工作流程、工作要求、奖罚记录、保密内容等。在各方签署劳动合同变更协议前，该员工在原用人单位实施了相关违纪行为并已被原单位作出违纪处罚。在签署劳动合同变更协议后，该员工又实施了相关违纪行为，新用人

① 武波：《劳动法调整下的惩戒制度》，载中国法院网，https://www.chinacourt.org/article/detail/2015/11/id/1758971.shtml，最后访问时间：2024 年 8 月 21 日。

② 参见：（2021）京 0102 民初 22268 号。

单位对其同样作出违纪处罚。新用人单位累计上原用人单位的违纪处罚，根据集团的规章制度作出解雇的决定。最终法院认定了用人单位的解除合法。

由此可见，经过劳资双方的合意，有法院支持新用人单位承接的惩戒权，包括员工在原用人单位的违纪行为及处罚结果。

但是，由于我国劳动纠纷的裁判尺度及观点具有较强的地区差异性，因此，该案例虽有一定参考意义，但并不具有代表主流观点的意义。

（五）小结

结合上述观点，回归到本文的案例1、案例2中，笔者认为由于员工与原用人单位、新用人单位之间达成了合意，由新用人单位承接用人单位的权利义务，故新用人单位承接了对该员工的惩戒权。相信有部分读者会提出疑问，在案例2中，员工违纪行为已经发生了近5年，但原用人单位及新用人单位均未作出处罚，新用人单位享有惩罚权是否构成权利滥用？笔者认为，本文讨论的主要是权利是否可以承接，并非如何使用。新用人单位承接了惩戒权，在使用时同样需要符合惩戒权的基本原则，如不符合可使用惩戒权的基本原则，新用人单位则不得滥用该权利。

三、企业行使惩罚权的基本原则

（一）行使惩戒权基本原则概述

如上所述，企业行使惩罚权需要符合相应的基本原则，否则将构成滥用惩罚权。企业行使惩戒权需要符合如下基本原则。

第一，客观性原则。法治社会之执法与司法理念为“以事实为根据，以法律为准绳”，惩戒权的行使亦不能例外。

第二，比例原则。首先，判断惩戒的目的是否正当、合法，目的的失当性即否定了惩戒行为的正当性；其次，企业所采取的惩戒措施与法定目的之间存在较高的关联度；最后，惩戒措施给劳动者带来的不利益须符合“最小损害”原则，即企业在能够达到惩戒目的的前提下，应优先考虑对劳动者损害程度较小的惩戒措施。

第三，时效性原则。企业惩戒的时效性体现在两个方面：一是惩戒决定的作出须遵循时效规则；二是要遵循“一事不再理”原则。对于前者，企业惩戒决定的作出应当在劳动者违规行为发生后的一定期限内，这与刑事责任、行政责任的追诉时效略为相似。惩戒时效的起算应当与现行法律的通行做法保持一致：自知道或应当知道职工违规之日起。至于具体期间的确定，须由司法机关结合企业受损的严重程度与劳动者的过错程度来确定。

第四，程序正当原则。“程序是法律的生命”，企业惩戒的作出同样离不开程序的制约。企业惩戒程序的正当性须具备三个要素：一是惩戒依据的公示；二是惩戒事由的告知和劳动者的申辩；三是工会的参与。①

有鉴于此，回归到本文两个案例当中，首先，两个案例当中都符合客观性原则。理由在于，员工对于违纪事实均是自认，拟处罚的行为是客观存在的。至于比例原则及程序正当原则，有关的依据公示将在下文详细论述，在此暂不展开，而员工的申辩权及工会的参与均可由用人单位实现。但是对于时效性原则中的“及时性”，两个案例则存在不同情况。案例 1 中，员工违纪行为是在近日才被生效文书予以固定，在签署劳动合同变更协议前，B 公司并不知晓员工的违纪行为。现 B 公司发现，拟立即对员工进行解雇处理，B 公司行使“惩戒权”符合及时性的原则。案例 2 中，C 公司、D 公司在签署三方协议前已经知道员工存在违纪行为。但是 C 公司、D 公司自知道该事实之日起至今已经接近 5 年，两个公司均未对员工作出处理，与此相反，D

---

① 汪银涛：《企业惩戒权法律规制之反思》，载《河南财经政法大学学报》2021 年第 2 期。

公司还与员工续签了无固定期限劳动合同。现 D 公司拟对员工行使“惩戒权”则远远超出合理时间，不符合上述及时性原则，D 公司如作出解除行为很有可能被认定为违法解除。

（二）关联公司的损失是否能作为现任公司解雇员工的依据，现任公司是否可以向员工追偿损失

根据前文所述，用人单位行使惩戒权需要符合“比例原则”。判断是否符合“比例原则”的重要因素之一与员工的违纪程度有关。《劳动合同法》第 39 条对此也有规定，即要求员工严重违反规章制度或严重失职，造成用人单位重大损害的，用人单位方可行使解雇这一最高级别的惩戒措施。现司法实践赋予了用人单位可通过规章制度对员工的严重违纪行为予以明确的权利，但该规章制度需要合理、合法且明确列明何为“严重违纪”。该严重程度往往与造成用人单位的损失大小相挂钩，损失的大小也是审判机构认定严重程度的重要标准之一。但该损失必须是具有惩戒权的用人单位的损失，其他主体的损失则不适宜作为惩戒措施的依据。

据此，本文两个案例中，员工造成的损失的承担主体均为原用人单位，在此情况下，如果现用人单位直接引用其作为解雇员工的依据，则有违“比例原则”。

至于是否追偿的问题，笔者认为追偿权的主体应为原用人单位，但该追偿权属于债权的性质，原用人单位可将该债权转让给现用人单位，只要符合债权转让的条件，现用人单位也可成为追偿主体。该问题并非完全与惩罚权挂钩。

（三）现任公司的规章制度是否可以作为解雇员工的依据

笔者认为，此问题实质上与惩戒权承接相挂钩，也是行使惩戒权的重要前提。如规章制度无法直接承接则相当于架空了惩戒权，因此，根据此前分析的惩戒权可予以承接的情况，规章制度的承接同样适用。

我国的法律对此同样未作相关规定。在司法实践中，则有较多法院判决基本支持笔者的观点。详细可参考蒋某与某药物研发有限公司劳动争议案①、邹某与某安防科技服务有限公司劳动争议案②。

但是，上述案例采纳该观点时均有一定前提：第一，原用人单位、现任用人单位为关联公司；第二，规章制度中规定的适用范围包括原用人单位、现任用人单位；第三，解雇员工经过了民主程序，并已经向员工公示或签收。这符合上述文章提及的“程序正当原则”。

经过上述分析，两个案例的现任用人单位均可通过三方协议承接惩戒权。在使用惩戒权时，两个案例均也符合客观性原则、程序正当原则，但是，在比例原则及时效性原则（主要是案例 2）上存在问题，如直接解雇员工则可能被认定为违法解除。现任用人单位不可直接向员工追偿的，可以通过债权转让的方式获得追偿权。

四、合规建议

以集团式运营的企业，同一品牌下会有多个运营主体，员工在关联公司之间进行调动也是不可避免的，本文两个案例所面对的风险可反映出，关联公司之间员工异动事宜的合规工作仍可进一步提高。笔者建议企业重新审视自身的异动制度，升级优化自身的管理及用工体系。具体如下。

（一）优化劳动合同变更协议的内容，明确承接的内容及权利，保障企业的惩戒权

大多数企业在用人单位变更的情况下，一般会签署三方协议，同时会在该协议中约定由新用人单位承接权利义务。但是此类约定往往过于简单，未明确关于违纪处罚权的承接等内容。有鉴于此，笔者建议，劳动合同变更协

① 参见：（2021）沪 01 民终 4212 号。

② 参见：（2021）粤 0111 民初 20101 号。

议应当增加如下内容：

1. 新用人单位对于员工过往的违纪行为、被处罚结果、员工对原用人单位损失均可以承接，并可据此作为新用人单位作出处罚及追偿损失的依据。

2. 明确员工不存在隐瞒相关违纪事实的情况，现任用人单位如发现员工隐瞒相关违纪事实，员工同意现任用人单位进行处罚。

3. 明确员工同意继续遵守原用人公司的员工手册及规章制度，现任用人单位可以适用前述规章制度对员工进行管理。

（二）对规章制度的适用范围、损失及惩戒权的承接内容进行优化

根据上述分析可知，符合条件的规章制度，在劳动合同变更后可直接适用于员工，因此，建议企业规章制度对如下内容进行优化：

1. 扩大规章制度的适用范围，不仅采取列举式的方式对适用主体进行列明，还可以明确适用范围包括关联公司或集团投资、实际控制等主体。

2. 集团公司的规章制度必须经过民主程序。若要求每个关联公司的规章制度均经过民主程序，实际操作中基本难以实行。因此，各个关联公司参考的集团总规章制度，相当于所有规章制度的“根”，其必须经过民主程序，并向员工公示或交由员工签收，在此种情况下，规章制度才有可能被审判机构认可作为现任用人单位的管理依据。

（三）对于在原用人单位未被处罚的员工，现任用人单位应当谨慎确定是否续签，并在续签的劳动合同中保留处罚权利

续签是用人单位继续用工的重要体现，无论现任用人单位对员工在原单位的违纪行为是否已知，该续约行为都会影响用人单位行使惩戒权是否符合“时效性原则”及“比例原则”。因此，笔者建议，在与员工续签劳动合同时，可在劳动合同中约定，本次续约不排除现任用人单位对员工在原用人单位的违纪行为进行处罚的权利，现任用人单位依法可根据规章制度对其进行处理。若签署劳动合同变更协议时已经明确知道员工存在未处理的违纪行为，现任用人单位应当及时处理。同时，若涉及续签劳动合同，则建议现任用人单位谨慎考虑是否续签，若不续签则需要明确不续签的理由，包括员工存在未处理的违纪行为的情况。

浅论持外国人专家签证来华就业的退休人员与用人单位之间的法律关系

马广滨[①]

摘要：本文通过案例、法律规定以及立法目的等分析，指出持外国人专家签证来华就业的退休人员与用人单位之间建立的法律关系，不应被认定为劳务关系，而应为劳动关系。这种关系的认定对我国引入外国人才、促进社会建设发展有积极意义。

关键词：外籍员工　劳务关系　劳动关系　法定退休年龄

笔者之所以就此问题发表浅论，主要是因为实际操作中遇到过该类型案件，且随着国内企业外籍员工人数的不断增加，政府不断更新、出台各种政策，已达法定退休年龄的外籍员工，以专家身份被聘用的情形并不罕见。

持有专业技能且具备实务经验、国际性行业人脉渠道的国外“老”专家，是国有企业和民营企业都渴望得到的稀缺人才。但很多劳动问题、争议也随之出现。在实践中，对于已达法定退休年龄的外籍员工与用人单位之间的劳动关系认定，相关的法律法规、政策规定之间存在冲突，条文适用存在争议，导致各地司法机关的裁判也不尽一致。

---

① 马广滨：广东法制盛邦律师事务所高级合伙人。

首先，根据《劳动合同法实施条例》第 21 条的规定，男性年满 60 周岁、女性年满 50 周岁，劳动者达到法定退休年龄的连续工龄满 10 年依法被认定退休年龄人员者，劳动合同终止。相应地，已达退休年龄的劳动者，与用人单位之间成立的并非劳动关系而是劳务关系。前述内容就中国公民的劳动者来说，已经非常明确且无争议。

但是，已达退休年龄，持有《外国专家证》并取得《外国人工作许可证》的外籍劳动者，是否可以和中国公民劳动者适用同样规定，目前仍存在争议。

一种观点认为，外籍劳动者在华就业，应遵从《劳动法》《劳动合同法》及相关法律法规，应与中国公民劳动者同等待遇。所以，直接套用上述《劳动合同法实施条例》第 21 条的规定，直接认定外籍专家若已达退休年龄，与用人单位非劳动关系，双方应按劳务关系处理，不受劳动法保护。

例如，与本国公民相比，法律通过颁发就业许可证等更为严格的规定对外国人的劳动关系进行管理。我国法律规定，劳动者达到法定退休年龄的，劳动合同终止。若具备就业许可证但不符合就业年龄，并不是劳动关系上的适格劳动者，其已达到我国法定退休年龄，后续工作，双方建立的不是劳动合同关系。[①]

外籍劳动者达到法定退休年龄，应适用我国《劳动法》《劳动合同法》有关规定，劳动关系终止，双方后续建立的用工关系为劳务关系。原审法院认定双方存在劳动关系适用法律错误，法院予以纠正。[②]

笔者曾代理一起某国退休人员与国内用人单位之间涉及违法解除劳动合同纠纷的案件。某劳动人事争议仲裁委员会恰恰是采用了上述观点。

---

① 参见：(2019) 苏 0214 民初 2735 号。
② 参见：(2019) 琼 01 民终 2539 号。

为了更好、更深入地探讨该问题，在此首先简单介绍下案件的事实背景。

1. 用人单位在明知外籍劳动者已达退休年龄的情形下，与其签订劳动合同，并邀请其来华参加、指导工作。

2. 用人单位之所以与已达退休年龄的高龄外籍劳动者签署劳动合同，是因为希望借助该专家的专业知识与行业渠道资源，开拓国际客户，提高产品质量。

3. 按照我国出入境管理局有关规定及程序，准照《外国人在中国就业管理规定》，用人单位通过申请《外国专家证》，为该外国专家获取了《外国人就业许可证》。

4. 劳动合同期满前，用人单位单方无故解除劳动合同。

双方履行劳动合同过程中的其他事实情况暂且不论，仅就双方之间应属于劳动关系还是劳务关系的立场，笔者认为劳动人事争议仲裁委员会按劳务关系处理的观点有待商榷。

笔者具体观点与理由如下：

1. 劳动仲裁申请人作为外国劳动者，其与国内用人单位之间发生的劳动纠纷应当优先适用《外国人在中国就业管理规定》。

2. 根据《外国人在中国就业管理规定》第 7 条的规定，外国人在中国申请就业许可，须具备有确定的聘用单位这一必要条件。

3. 在实务中，作为提交申请外国人就业许可的必要材料，该外国人必须与用人单位签订劳动合同，而非劳务合同。

4. 根据《最高人民法院关于审理劳动争议案件适用法律问题的解释（一）》（以下简称《解释（一）》）第 33 条的规定，申请人合法持有《外国专家证》并取得《外国人来华工作许可证》，在其与国内用人单位签订劳动合同后，可以认定存在劳动关系。

5. 综合前述理由，申请人作为外国专家被聘请，其有利于国内产业、经济的发展，以及引入国外高端技术、知识。因此，本案申请人与被申请人之间的法律关系受《外国人在中国就业管理规定》与《解释（一）》调整，可以被认定为与用人单位之间存在劳动关系。

6. 尽管《劳动合同法实施条例》及相关法律规定了法定退休年龄的标准，但是该法定退休年龄是针对国内劳动者适用的一般法。而根据《立法法》第 103 条的规定，法律的适用应当遵循特殊法优于一般法的原则。因此，申请人虽然已达到法定退休年龄，但本案应当优先适用《外国人在中国就业管理规定》与《解释（一）》，从而认定为双方之间存在劳动关系。

7. 按照本案仲裁裁决书，已达法定退休年龄的国外劳动者与国内用人单位所建立的法律关系将不受《劳动法》及《劳动合同法》保护，从而导致国外劳动者本应获得的合法权益受到损害，包括但不限于维权成本的增加，丧失其作为弱势群体本可以获得的经济补偿金、经济赔偿金、举证责任减轻、劳动合同的解除权。

8. 本案申请人作为外国劳动者，已依照法律程序合法持有《外国专家证》《外国人来华工作许可证》，尽管其已达法定退休年龄，但并未改变其作为劳动者的弱势地位，本质上与未达到法定退休年龄并无区别。若仅能通过常规的民事诉讼程序处理相关纠纷，则不能实现和获得本应得到的法律保障。

综上所述，该仲裁裁决书未依据特殊法优先的法律原则，且未考虑到法律对国外劳动者合理、公平的利益保护，笔者认为值得商榷。

随着经济的发展，企业的国际化问题会日益增多，对法律规定的适用不能过于僵硬、局限，不能无视或忘却公平性和合理性。在贯彻立法本意的基础上，合理、公平、公正的司法环境，更有助于我国获得更多国际社会的认同与信赖。

企业违法用工的风险及防范

雷莉莉[①]

摘要：在全球企业合规的大环境下，我国也倡导企业合规管理、合法用工，但企业中的很多岗位仍处于人力资源管理的“灰色地带”，企业存在着大量不符合规定的用工行为。部分企业为了降低用人成本，甚至为了谋取利益而违法用工，导致企业需要承担相应的风险责任。这些违法用工行为中，有些是由于企业未依法与劳动者签订劳动合同引起的；有些是企业未依法为员工缴纳社会保险导致的；还有些是企业违规操作、管理不善所致。为帮助企业防范和降低违法用工的风险，本文从违法用工的概念界定入手，通过案例分析企业常见的违法用工行为，揭示了企业违法用工行为存在的风险，对如何防范违法用工风险提出建议。

关键词：企业用工　违法　风险　防控

一、违法用工概述

（一）违法用工的定义

何谓违法用工？根据《劳动合同法》第2条第1款“中华人民共和国境内的企业、个体经济组织、民办非企业单位等组织（以下称用人单位）

---

① 雷莉莉：广东大篆律师事务所律师。

与劳动者建立劳动关系，订立、履行、变更、解除或者终止劳动合同，适用本法”的规定可知，合法用工系适格的用人单位和劳动者按照法律要求订立了劳动合同，双方之间存在明确的法律上的劳动关系，能依法保障劳动者的合法权利。换言之，违法用工是指主体的不适格或用工单位用工行为不合法等给劳动者造成严重损害的违法行为。

（二）违法用工的类型

实践中，企业违法用工的类型复杂多样，笔者列举了包括但不限于以下种类：

（1）企业未经依法注册登记；

（2）企业招用未满 16 周岁的童工；

（3）企业在签订劳动合同时向员工收取押金、保证金；

（4）企业未按规定与劳动者订立合法有效的书面劳动合同；

（5）企业未约定试用期录用标准，随意解雇劳动者；

（6）企业以专业技能技术培训做幌子实际系上岗操作培训；

（7）企业未按规定为劳动者缴纳社会保险费；

（8）企业未及时足额支付劳动报酬；

（9）企业未按照劳动合同约定提供劳动保护或者劳动条件；

（10）企业对劳动者加班不支付加班费，或只能调休；

（11）企业变相降薪调岗逼迫劳动者离职；

（12）企业以“末位淘汰制”辞退员工。

二、企业违法用工的风险责任

根据《劳动保障监察条例》的规定，用人单位违反劳动保障法律、法规或者规章的规定，侵害劳动者合法权益的，由劳动保障行政部门责令改正，可以根据情节处以 2000 元以上 2 万元以下的罚款；对拒不改正的，可以责令停产停业或者吊销营业执照。由此可知，企业若存在违法用工的情况，劳动行政部门会对企业进行行政处罚；可能会引发员工的不满及维权诉求，引起劳资纠纷，还会让公司声誉受损，如严重的违法用工行为可能被列入企业信用记录，影响品牌形象及企业的长远发展；甚至可能会涉嫌刑事犯罪，从而承担刑事责任，如拒不支付劳动报酬罪。

下文中，笔者将结合企业常见违法用工的具体案例，具体分析企业违法用工的法律风险并提出相应的防范措施。

案例一：企业招用未满 16 周岁的劳动者

1. 基本案情[①]

2007 年 3 月 11 日，被告人陈某雇用未成年的李某某（1992 年 10 月 31 日出生）到其企业工作，陈某明知该企业仓库存放易燃和具有危险性的甲苯或乙苯等溶剂，仍安排李某某进入仓库工作。被害人李某某在无任何安全保护措施的情况下，抽取甲苯或乙苯等溶剂提供给印刷车间使用。同年 4 月 15 日下午 2 时许，被害人李某某在上述仓库内抽取上述溶剂，因操作不慎导致溶剂发生燃烧并蔓延，造成被害人李某某受伤。经广东省汕头市劳动能力鉴定委员会鉴定：被害人李某某的伤残等级为三级。汕头市龙湖区人民法院判处被告人陈某犯雇用童工从事危重劳动罪，判处有期徒刑 3 年，缓刑 3 年 6 个月，并处罚金人民币 3000 元。该案民事部分，经汕头市龙湖区人民法院、汕头市中级人民法院审理，判决该企业赔偿被害人李某某共计人民币 575082. 27 元。

2. 风险责任

依照《劳动法》第 15 条规定可知，在能保障未满 16 周岁的工作者接受义务教育的前提下，经过审批手续，文艺、体育及特种工艺单位可以招用未

---

① 本案例为作者在某些真实案例基础上，为说明法律问题，编辑、加工而成。

满16周岁的工作者。若企业违反法律规定的条件招聘童工，违法使用童工，在使用过程中造成其身心伤害等，企业应承担相应的责任。

（1）行政责任。根据《劳动法》的相关规定可知，企业雇用未满16周岁的未成年人工作者，劳动行政部门会责令企业改正并处以罚款；情节严重的，需要吊销营业执照。

（2）民事责任。主要表现为企业应当承担的各种赔偿金。如本案中，陈某雇用未满16周岁的李某某工作致使李某某在工作中受损，应当按照《非法用工单位伤亡人员一次性赔偿办法》向李某某支付一次性赔偿金和其他赔偿。

（3）刑事责任。根据《刑法》《禁止使用童工规定》的相关规定，企业雇用童工工作，可能构成拐卖儿童罪、强迫劳动罪、雇用童工从事危重劳动罪。本案中，陈某的企业显然不符合法律规定的"文艺、体育和特种工艺"单位，陈某作为企业负责人，违法用工，雇用未满16周岁的未成年人在易燃性危险环境下从事劳动，致李某某三级伤残，其行为已触犯刑法，构成了雇用童工从事危重劳动罪。

同时，企业招聘童工系一种不道德行为，这不仅会贬低企业的社会声誉，还可能引起公众对其进行谴责。

3. 风险防控及合规建议

（1）确定拟雇用的工作岗位是否属于法律允许的未满16周岁工作者就业的范围——文艺、体育及特种工艺单位，并经过法定的审批手续。

（2）加强招聘程序管理。企业应该对申请工作的人员进行严格的筛选，必须检查其身份证件、学历等信息的真实性，以确定其真实年龄，绝不能因降低用工成本而招用童工。

（3）建立健全的管理制度。企业应该建立和完善员工管理制度，按照相关规定给予未满16周岁工作者相应的工作时间、休息间隔和保护措施，坚决避免其受到严重伤害，一旦出现严重伤残或死亡的情况，会导致巨额的民事赔偿，甚至需要承担刑事责任。

（4）重视成长需要。关心未满16周岁工作者的日常生活，保障其饮食健康、营养汲取，重视心理健康和疏导。

（5）加强监督管理。企业应该加强内部监督和外部监督，确保其权益得到充分的保护。

案例二：企业未按规定与劳动者订立合法有效的书面劳动合同

1. 基本案情[①]

戚某于2013年11月20日至2014年8月1日任职北京某公司办公室文员，填写了《录用人员登记表》，但未签订书面劳动合同。2014年12月18日，戚某向劳动争议仲裁委员会申请仲裁，要求北京某公司支付2013年11月20日至2014年8月1日未签订劳动合同的双倍工资差额，仲裁机构认定北京某公司应当支付戚某双倍工资差额两万余元。北京某公司不服该裁决，向北京市丰台区人民法院提起诉讼。该案经丰台区人民法院一审、北京市第二中级人民法院二审，均认定北京某公司应当支付2013年11月20日至2014年8月1日未签订劳动合同双倍工资差额两万余元。

2. 风险责任

实践中，很多企业仅让应聘者填写《录用人员登记表》而不订立合法合规的书面劳动合同。实际上，《录用人员登记表》与签订书面的劳动合同系两个不相同的概念，在《录用人员登记表》中的内容不能反映双方的权利义务关系，不具有劳动合同的实际要件时，不能视为已订立合法有效的劳动合同。比如本案中，戚某虽然填写了《录用人员登记表》，但该《录用登记表》不具备劳动合同期限、劳动报酬、社会保险等必备条款，最终，戚

① 本案例为作者在某些真实案例基础上，为说明法律问题，编辑、加工而成。

某的仲裁请求在法院审理后获得了支持。可见，必备条款是合同成立的前提条件，缺乏必备条款，意味着企业与劳动者之间并未签署合法有效的书面合同，企业可能面临相应的风险。

（1）法律责任。企业自用工之日起超过1个月不满1年未与劳动者订立书面劳动合同，由于损害了劳动者的合法权益，劳动者与企业之间可能会引起劳资纠纷，致使劳动者提起劳动仲裁、诉讼，一旦仲裁委、法院确认双方之间并未签署合法有效的书面劳动合同，企业则可能需向劳动者每月支付双倍工资赔偿金。而且，企业未与劳动者订立书面劳动合同满1年的，企业将被视为已与劳动者订立了无固定期限劳动合同。

（2）税务风险。企业未与劳动者签订正式的劳动合同，可能会被税务机关认定为非法用工，从而承担罚款、补缴社保等责任。

（3）经营管理风险。企业与劳动者之间没有明确的劳动合同，企业难以对员工的工作内容、绩效评估、薪酬待遇等方面进行有效管理，造成组织管理混乱，影响日常的运营，在认定劳动者的工资标准、赔偿金等方面均需承担被动的举证责任。

3. 风险防控及合规建议

（1）树立正确观念。企业应树立书面劳动合同是确认双方之间存在劳动关系的唯一合法形式的意识，树立签订劳动合同在先、用工在后的观念，按照《劳动合同法》等相关法律规定，编制合法合规的劳动合同模板，及时与新员工签订书面劳动合同，并保存好相关材料。

（2）加强人力资源管理。建立完善的档案管理制度，对劳动者签订的合同及档案进行归档，确保各项信息记录准确无误，确保证据链完整、闭环。

（3）提高劳动者权益意识。对劳动者加强劳动合同法律法规的宣传和培训，使劳动者意识到劳动合同系其保护自身合法权益的有力武器。

（4）及时终止劳动关系。若企业确定用工后，劳动者以各种理由拒绝与企业签订劳动合同，企业应按照相关规定书面通知劳动者签订合同，若劳动者仍拒绝签订，企业应及时终止劳动关系，防止出现违规操作。

案例三：企业未约定试用期录用条件，随意解除与劳动者的劳动关系

1. 基本案情[①]

游某于 2020 年 5 月 11 日入职广州 A 公司，担任法务助理。双方签订了 3 年固定期限劳动合同，合同中约定试用期为 3 个月，自 2020 年 5 月 11 日至 2020 年 8 月 11 日。2020 年 6 月 4 日，A 公司以游某在试用期内考核不合格、不符合公司法务助理任职要求及录用条件为由解除与游某的劳动关系，并向游某发送了《终止劳动关系通知书》。游某遂向劳动人事争议仲裁委员会申请仲裁，要求 A 公司支付解除劳动关系赔偿金 8026 元。庭审中，A 公司提交了《员工考核表》，主张游某不符合考核，终止试用。游某认为，公司对于各项考核标准并没有进行约定，所以该考核表无效。劳动人事争议仲裁委员会于 2020 年 8 月 31 日作出仲裁裁决书，裁决 A 公司一次性支付游某解除劳动关系赔偿金 8026 元。

2. 风险责任

法律规定企业单方解除劳动合同的法定情形之一系员工在试用期间被证明不符合录用条件，当劳动者以企业违法解除劳动合同为由提起仲裁、诉讼时，该规定便能成为企业辩称系合法解除劳动关系的理由，但企业往往并不能提交实际证据进行证明，从而需要根据《劳动合同法》的规定，向劳动者支付经济赔偿金。如本案中，A 公司作为用工单位有责任证明其解除劳动关系的行为合法，而该公司在游某应聘或入职时并未与游某明确试用期的考核标准，在试用期间直接向游某出具一份考核表说明游某不符合考核标准，

① 本案例为作者在某些真实案例基础上，为说明法律问题，编辑、加工而成。

终止试用，显然，A 公司未事先与劳动者确认录用标准的做法并不符合试用期间不符合录用条件的规定。因此，A 公司构成违法解除劳动合同，劳动人事争议仲裁委员会支持游某的诉求，A 公司需要承担违法解除劳动合同的赔偿金，导致了公司的经济损失。

3. 风险防控及合规建议

（1）企业应在招聘公告等招聘文书、劳动合同及企业规章制度中明确劳动者入职后试用期间的录用条件、考核标准、考核流程、考核人员等，并让员工签署确认。

（2）企业对试用期劳动者的工作过程及工作成果进行考核，应当在试用期即将届满前进行，考核结果应当送达员工；企业认为劳动者考核不及格不符合录用条件的，应在试用期届满之前明确通知劳动者解除劳动合同，并保留相关证据材料。

案例四：企业未按规定为劳动者缴纳社会保险费

1. 基本案情[①]

胡某于 2019 年 9 月 1 日与某食品公司签订了无固定期限劳动合同，期间双方达成协议：胡某申请不再由某食品公司缴纳社会保险费，并自愿放弃因社会保险费用缴纳问题向某食品公司主张权利。2020 年 4 月 20 日，胡某提出与某食品公司解除劳动合同，2020 年 4 月 22 日，某食品公司收到《劳动关系解除通知书》。后胡某向劳动人事争议仲裁委员会申请仲裁，请求裁决确认申请人与被申请人解除劳动合同。劳动人事争议仲裁委员会裁决某食品公司为胡某补缴 2019 年 9 月 1 日至 2020 年 4 月 22 日未缴纳的各项社会保险费，并确认胡某与某食品公司双方劳动关系自 2020 年 4 月 22 日解除。胡某不服诉至法院，一审法院审理后认为双方签订的自愿放弃缴纳社会保险费

---

① 本案例为作者在某些真实案例基础上，为说明法律问题，编辑、加工而成。

的协议书内容违反法律的强制性规定，属于无效协议，二审法院基于此认定了某食品公司未为胡某缴纳社保等的情形，违反了法律规定，胡某可据此解除合同并要求支付经济补偿金。

2. 法律风险

某些企业为了降低用工成本或者某些劳动者想要获得更多报酬，双方签订不缴纳社会保险费协议，最终引起劳动争议。本案中，为何该企业需要为胡某自愿放弃企业为其购买社会保险的后果买单？从法律规定来看，企业为劳动者缴纳社会保险费是法定义务，法定义务不能推卸，推卸必追究，由此，虽然该企业与胡某签订了书面自愿放弃缴纳社会保险费的协议，但该协议因违反法律的强制性规定而无效，不仅胡某可以与企业解除劳动合同，该企业还需要向胡某支付赔偿金。若企业未依法缴纳社会保险费，根据《劳动法》《社会保险法》的相关规定可知，企业还可能会受到责令限期缴纳的行政措施。另外，若劳动者在企业未依法缴纳社会保险费的情况下工作造成伤害，根据《工伤保险条例》的相关规定，企业需要自行承担该劳动者的全部工伤保险待遇。本案再次警示企业必须合法用工，重视社保缴费工作，避免违法用工带来的不良后果。

3. 风险防控及合规建议

（1）企业应正确认识到与劳动者签订的不缴纳社会保险协议系无效协议，坚定不移地为劳动者缴纳社会保险，确保劳动者的权益得到保障。

（2）无论是新员工还是老员工，若出现员工提出自愿放弃或不同意企业为其缴纳社会保险的情形，企业应拒绝，这是保障企业不触发红线的合法途径。

（3）企业应认真、及时、准确、完整地履行缴纳社会保险工作，定期对社保缴纳情况进行自查和外审，一旦发现问题及时纠正。

案例五：企业未及时足额支付劳动报酬

1. 基本案情[①]

2019 年 2 月至 2020 年 1 月，顾某某作为常熟市某商业设备厂的经营者，聘请张某某、黄某某、尤某等多名工人从事电焊、喷塑等工作，其间顾某某采用预发部分工资、拖延时间支付工人工资等方式来逃避工资支付义务，拖欠该企业职工张某某、黄某某、尤某等 24 名工人工资共计人民币 42 万余元，后于 2020 年 1 月 12 日以逃匿等方法逃避支付劳动者的劳动报酬，经人民政府责令支付仍不支付。常熟市人民法院认为顾某某以逃匿等方法逃避支付劳动者的劳动报酬，数额较大，经政府有关部门责令支付仍不支付，其行为已构成拒不支付劳动报酬罪，应依法予以惩处。

2. 风险责任

劳动报酬是劳动者参与工作的核心利益追求，在企业违法用工众多的类型中，拖欠劳动报酬是最容易发生的，企业一旦出现未及时足额向劳动者支付劳动报酬的情况，除需要承担民事责任、行政责任外，还可能承担刑事责任。

（1）民事责任。首先，根据《劳动法》《劳动合同法》的规定，企业应向劳动者补发未支付的劳动报酬差额。此外，经劳动行政部门责令限期支付而逾期未支付的，还需向劳动者加付应付金额 50%以上 100%以下的赔偿金。其次，劳动者可以据此解除劳动合同，企业需按劳动者工作年限每满 1 年支付 1 个月工资的标准向其支付经济补偿金。

（2）行政责任。若企业拒不执行劳动保障行政部门作出的责令限期支付劳动报酬的行政处理决定，根据《劳动保障监察条例》的规定，需处 2000 元以上 2 万元以下的罚款。

---

① 本案例为作者在某些真实案例基础上，为说明法律问题，编辑、加工而成。

（3）刑事责任。一般的劳动关系由民法调整，但《刑法》第 276 条之一对拒不支付劳动报酬作了入罪规定。如上文案例所述，顾某某以逃匿等方法逃避支付 24 名工人的劳动报酬，数额较大，经政府有关部门责令支付仍不支付的，构成拒不支付劳动报酬罪，所以企业应重视并慎重对待。

3. 风险防控及合规建议

（1）落实劳动报酬的计算工作。企业应当依法建立工资台账，做好工资表，实时报送和更新相关薪酬材料，妥善处理好劳动者劳动报酬的发放情况，以便按约定、按时足额向劳动者支付工资，工资具有支付优先性，企业在面临资金周转困难时，也要支付拖欠的工资。

（2）健全工资支付制度。企业在制定规章制度时，应订立关于工资构成、计算方法、发放流程、发放时间、解决工资纠纷方法等相关问题的规定，并在出现纠纷时及时处理。

（3）企业因客观原因不能及时足额向劳动者支付报酬时，应主动积极与劳动者进行协商，制定后期支付劳动报酬的方案。

（4）劳动者向劳动行政部申请维权的，企业应配合劳动行政部门的调查询问工作，并及时向劳动者补发工资，避免引起更严重的后果。

（5）企业已经涉嫌刑事犯罪的，应积极向劳动者补发工资，争取劳动者的谅解，以获得从轻、减轻或免予刑事处罚等良好的结果。

三、企业合规管理、规范用工方式的巨大优势

上文中，笔者仅列举了 5 种企业常见的违法用工行为所带来的风险并提出相应的合规建议，但在用工实践中，违法用工行为复杂多样，而风险后果也远远不止这些，这便要求企业自身应规范用工方式、合规管理，这不仅有助于维护市场经济秩序，促进经济社会的高质量发展，还能给企业带来巨大的优势。

1. 合规管理是企业稳健发展的内在要求。如今市场经济环境日趋复杂，企业面临的竞争日益激烈，企业只有坚持合规管理，规范用工方式，坚决抵制违法违规的管理制度，才能促使企业在如此激烈的市场竞争中稳健发展、脱颖而出。

2. 企业合规可以豁免或减少风险责任。当企业触发用工不能碰的红线时，可能面临民事索赔、行政处罚、刑事责任，企业遵守相关法律法规和政策，合规前行，能最大限度地避免上述风险，减轻企业可能面临的法律责任和损失。

3. 企业合规可提升员工满意度，增强企业吸引力。企业规范用工方式、合规管理可以保障劳动者的合法权益，提高劳动者的满意度和忠诚度，一旦出现劳动纠纷，亦能够做到有法可依，从而增强企业的稳定性和吸引力，有利于提升企业在招聘和劳动者留存方面的竞争力。

4. 树立企业良好形象，促进与大型企业合作双赢。企业合规经营是社会责任的体现，符合社会公序良俗和商业道德，可以提升企业的商誉和品牌价值，在与大型企业的业务往来过程中，具有竞争优势，赢得大型企业的信任，提高可持续发展的能力。

5. 保障供应链稳定，维护经济秩序。企业规范用工和合规管理可以引导供应商与合作伙伴也遵守相关法律法规，从而保障整个供应链的稳定性和持续发展，维护市场经济的稳定。

四、结语

随着全球经济化的发展，全球企业均强化企业的用工方式，合法合规对企业进行管理已成为当今全球企业发展的新趋势。我国在推进企业加强规范管理的道路上，正在稳步前进。企业合规管理，是时代发展的要求，是时代进步的体现，大合规时代，企业一同前行、一同进步。

基于劳动者个人信息保护的企业用工合规建议

潘彦卓[①]

摘要：近年来，个人信息保护越来越受社会关注，在企业用工的场景中，劳动者的个人信息保护问题同样不容忽视。劳动者的个人信息权益受劳动从属性的影响，区别于一般主体的个人信息保护，用人单位应强化保护劳动者合法权益的意识，有必要完善相关规定，防范侵害劳动者个人信息的风险。本文梳理了企业用工各阶段存在的风险并提出相应的合规建议。

关键词：劳动者个人信息　企业用工风险　合规建议

一、劳动者个人信息保护概述

（一）劳动者个人信息权益的概念界定

劳动关系具有控制性、从属性，即劳动者从属于用人单位。在劳动关系存续期间，劳动者受到用人单位的支配程度比较高，由此会产生双方地位失衡、劳动者处于弱势地位的情形，劳动者容易受到用人单位的不合理对待。结合这一特征，本文认为劳动者的个人信息权益是指劳动者对于可识别主体的个人信息所享有的支配并且排除用人单位不当利用的权益。

（二）劳动者个人信息的保护价值

《民法典》将个人信息保护作为人格权范围内的一项重要民事权益予以

---

① 潘彦卓：澳门科技大学2022级民商法学硕士研究生。

规定。个人信息既然属于人格权益，那么对其所要保护的价值必然符合一般人格权益的价值侧重，即主要是个人信息对信息主体的人格尊严和自由价值。[①] 劳动者作为特殊主体，其个人信息保护除了一般价值，还具有其独特价值。这种独特价值主要体现在以下几点。

第一，通过倾斜保护扭转“资强劳弱”的先天不平等性。劳动者基于劳动关系的从属性，极大地受限于用人单位的管控，其中就包括个人信息的掌握与处理。用人单位可以通过各种途径收集劳动者的个人信息，可能收集的目的、程序是合法的，但却容易出现超越原有目的范围的利用。对于这种情况，劳动者可能不知情，或者知情而无法有所作为，因此要对劳动者的个人信息采取倾斜保护的方式。

第二，保护劳动者的合法权益，有助于提升用人单位的用人效率。对劳动者个人信息的不当利用会直接反馈于其工作或者生活中，容易对劳动者的经济层面或者是精神层面产生较大的负面影响，从而影响其工作效率，这与公司提高效率的目的是背道而驰的。因此，合理规制用人单位对劳动者个人信息的利用，既保护了劳动者的合法权益，又满足了用人单位对用人效率的要求。

第三，削减身份属性对劳动者产生的维权压力。在工作过程中，劳动者遭遇用人单位对其个人信息的不当利用时，即使可以通过现有的事后救济方式合法维护自身权益，劳动者仍然会对这段劳动关系是否能够继续存续而产生心理上的压力，这将迫使劳动者不敢或不愿向用人单位提起诉讼。[②] 因此，对劳动者这种特殊主体的个人信息保护给予特别关注是有必要的。

---

① 张新宝：《从隐私到个人信息：利益再衡量的理论与制度安排》，载《中国法学》2015 年第 3 期。

② 谢增毅：《劳动者个人信息保护的法律价值、基本原则及立法路径》，载《比较法研究》2021 年第 3 期。

二、企业用工存在的风险

（一）招聘阶段

企业在招聘阶段普遍会收集劳动者的个人信息，用以判断这段劳动关系是否可以建立以及长期存续的可能性，并且尽量减少欺诈等风险的发生。对于劳动者的个人信息，用人单位确实享有知情权，但部分信息必须取得劳动者的同意后才可以收集。除此之外，如果用人单位询问收集的信息超出合理边界，基于一些社会偏见歧视或者拒绝录用求职者可能会侵犯劳动者的合法权益。

《劳动合同法》第 8 条规定了用人单位提供单位信息的积极义务，以及劳动者提供个人信息的消极义务，将劳动者提供的信息解释为“劳动者与劳动合同直接相关的基本情况”。除了与订立劳动合同相关的必要信息（姓名、性别、年龄、学历等），其他非必要信息（家庭成员、成员职务、联系方式、婚育状况等），必须经过劳动者同意后才可以收集。[①] 如果企业在招聘阶段缺乏劳动者个人信息保护意识，未取得求职者同意过分收集其个人信息，则会产生侵权风险。

此外，企业如果基于宗教信仰、性别、婚育状况等信息歧视或拒绝录用求职者，可能会侵犯劳动者的平等就业权从而面临赔偿。在某重卡专用车有限公司、西安某人力资源管理有限公司等侵权责任纠纷案[②]中，劳动者因入职体检被检测出乙型肝炎而被用人单位拒绝入职，法院判决用人单位赔偿原告江某某误工损失 3000 元、精神损害抚慰金 2000 元。在梁某某与广东某经济发展有限公司、广州市越秀区某鱼翅海鲜大酒楼人格权纠纷案[③]中，企业在梁某（女性）前往面试过程中，告知梁某“厨房不招募女工”拒绝聘用

---

① 石佳友：《个人信息保护的私法维度——兼论〈民法典〉与〈个人信息保护法〉的关系》，载《比较法研究》2021 年第 5 期。

② 参见：（2021）陕 0117 民初 3838 号。

③ 参见：（2016）粤 01 民终 10790 号。

梁某。梁某向法院起诉，要求公司赔偿因应聘产生的经济损失及精神抚慰金，并公开赔礼道歉，法院经审理后支持了梁某的诉讼请求。

（二）劳动关系存续期间

在劳动关系建立后并长期存续的阶段，企业出于高效管理的目的，对劳动者的控制性往往很强，基于工作地点的公共性、工作时间的持续性，劳动者的个人信息无论是私密信息还是公共信息都很容易被暴露，会出现用人单位不当利用的情况。例如，办公监视、电子邮件监视、生活社交媒体监视。

企业还会面临未妥善保管劳动者个人信息、泄露劳动者个人信息的风险。企业在经营管理中通常会与中介、代办、服务外包等机构合作，第三方机构不可避免地会收集一些企业职员的个人信息，其中还可能包括敏感信息。如果用人单位未经劳动者本人同意，将其个人信息提供给第三方使用或泄露给第三方从事营利活动则会造成侵权，情形严重的，还会承担刑事责任。此外，用人单位也应加强内部管理，尽可能消除员工利用职务之便侵犯公民个人信息的隐患。在周某某侵犯公民个人信息案[①]中，中国某网络通信有限公司劳务派遣员工利用给消费者开设手机号的便利，获取消费者的电话号码等个人信息并出售获利，侵犯了公民个人信息。

（三）劳动关系解除或终止后

劳动者与用人单位解除劳动关系之后，二者之间虽然不再具有管理与被管理关系，但仍存在个人信息处理问题。主要集中于已经收集到的个人信息如何处置，用人单位如何有效终结对劳动者个人信息的继续收集或第三方传递等。

《劳动合同法》第49条、第50条中对档案交接、社会保险关系转移以及劳动合同文本保存有时间期限上的规定。如果劳动者离职，企业对劳动者的人脸识别、指纹等信息继续存留，甚至将其个人信息倒卖给第三方则会侵

---

① 参见：（2022）湘0102刑初75号。

犯劳动者的个人信息权益，如果造成劳动者损失，劳动者有权要求侵权人赔偿损失，侵权人甚至还会承担刑事责任。

三、企业用工合规建议

在招聘阶段，除部分法律法规明确规定的特殊岗位外，企业应避免采用歧视性招录措辞，避免因劳动者的性别、籍贯、婚姻状况等因素拒绝录用。对不属于与工作相关的个人信息尽量避免收集，如果确需收集，必须事先经过劳动者的同意。在招聘结束后，对应聘者的简历、求职登记表以及其他涉及个人信息的资料应该妥善处理，防止被不当利用，引发侵权风险。

在劳动关系存续期间，对于用人单位上班考勤打卡的指纹采集、人脸识别，以及出于监督办公目的的智能监控行为，首先，需要劳动者知情并同意，不能因为日常管理需要而直接收集此类敏感信息。其次，企业不得滥用劳动者生物识别信息，已经获得的生物识别信息应妥善保存，不能违反授权范围过度使用或者转交至第三方使用。针对第三方处理劳动者信息的问题，企业需对第三方的资质进行合法审查，提供个人信息时应评估第三方使用的必要性（如因体检需要将劳动者个人信息提供给医疗机构），并且监督第三方不得侵权、不得滥用。

在劳动关系解除或终止后，同样要重视对劳动者个人信息的保护。针对离职的劳动者，企业应在办理离职手续时与劳动者协商个人信息的处理方式，在合理期限内对工作期间留存的个人信息进行全面删除（包括劳动者办公电脑中涉及的个人信息）。在尚未进行删除处理的这段时间，企业需要对离职者的个人信息进行保护，防止恶意泄露。

第五部分

企业的解散与破产问题

公司解散的诉讼要件及裁判规则解析

邓岚莺[①]

摘要：有限责任公司具有人合性、封闭性，如股东在公司经营期间产生矛盾，容易形成僵局，股东此时要退出经营实属困难，很多股东为了破局会选择通过诉讼要求解散公司。而《公司法》解散的规定较为原则，给司法实践带来难度。笔者将解析公司解散纠纷的构成要件及主要的裁判规则，从而让股东意识到退出机制的重要性，同时明确在何种情况下选择提起公司解散诉讼更为有利。

关键词：公司解散　诉讼裁判规则　股东退出　有限责任公司

A公司、B公司共同出资设立C有限责任公司（以下简称C公司），A公司持股51%，B公司持股45%。A公司主要负责财务管理，B公司负责组织经营团队及开拓业务。C公司成立三年仍处于亏损状态，A公司对公司经营战略、经营团队管理等多次提出异议，但B公司仍坚持保留经营团队执行既定的公司经营战略，两股东据此产生矛盾。C公司长达两年未能召开股东会会议，无法形成有效的股东决议。A公司认为，C公司继续存续将严重侵害其利益，遂提起诉讼要求解散公司。C公司一直未能盈利且长期未召开股东会，担心A公司胜诉导致公司解散，影响公司及员工的利益。C公司在

① 邓岚莺：北京德和衡（广州）律师事务所律师。

律师团队的协助下，组织证据提出抗辩，A 公司的诉讼请求最终未得到法院支持。公司解散对公司而言，是最严厉、最具破坏性的结果，也会对公司员工造成负面影响。司法实践中，法院对公司解散纠纷的审理较为谨慎，公司在经营不佳或存在股东矛盾时，可以解读公司解散之诉的构成要件、裁判规则，以帮助判断。

一、公司解散之诉的请求权基础

我国 2005 年的《公司法》引入公司司法解散制度，该制度为公司僵局的破局提供了另一条选择路径。[①]《公司法》（2023 年修订）第 231 条规定："公司经营管理发生严重困难，继续存续会使股东利益受到重大损失，通过其他途径不能解决的，持有公司百分之十以上表决权的股东，可以请求人民法院解散公司。"据此，股东请求解散公司实际上需要同时满足四个要件：一是公司经营、管理不佳，且存在严重困难的情形；二是公司的存续会造成不良影响，公司继续经营会给股东造成重大损失；三是穷尽其他途径仍无法解决公司经营管理的困境；四是提起公司解散纠纷的股东有资格要求，必须至少持有公司 10%的股权。该要件中存在"严重""重大"等评价性词语，势必给审理认定带来难度。

二、公司解散之诉构成要件分析及裁判规则解读

（一）公司经营管理困难要件

《最高人民法院关于适用〈中华人民共和国公司法〉若干问题的规定（二）》第 1 条第 1 款对何为"经营管理发生严重困难"进行了列举规定。即公司持续 2 年以上无法召开股东会或者股东大会，公司经营管理发生严重

① 上海市高级人民法院商事庭课题组：《公司解散清算的功能反思与制度重构——从清算僵局的成因及制度性克服切入》，载《法律适用》2023 年第 1 期。

困难的；股东表决时无法达到法定或者公司章程规定的比例，持续2年以上不能做出有效的股东会或者股东大会决议，公司经营管理发生严重困难的；公司董事长期冲突，且无法通过股东会或者股东大会解决，公司经营管理发生严重困难的；经营管理发生其他严重困难，公司继续存续会使股东利益受到重大损失的情形。

司法实践中，法院更侧重于从公司组织机构的运行状态进行分析，着重审理公司管理方面是否存在严重困难，如股东会机制失灵、无法就公司的经营管理进行决策等严重内部障碍，而不是片面地认定公司资金缺乏、严重亏损等经营性困难。[①] 本团队律师代理的A公司起诉解散C公司的案件中，虽然C公司长达2年未召开股东会，但其间召开了董事会并形成了有效的董事会决议，而且C公司的董事会席位中A公司任命的股东席位占据多数席，据此法院并未认为C公司存在内部管理障碍。

（二）公司存续会使股东利益受到重大损失要件

股东利益受到重大损失，主要是指股东的预期利益损失，而不是公司当前的盈利状态、目前股东是否获得了投资收益。公司是否盈利、股东是否未享有收益不是公司解散纠纷案件中的审理重点，司法实践中侧重的是股东将来的利益是否会造成严重损失。即便公司目前有盈利，也可能会被判定解散。如金某（合肥）建设发展有限公司、江苏建某置业有限公司公司解散纠纷案[②]中，最高人民法院认为公司处于盈利状态，但就长期不向股东分配红利没有作出合理解释的情况下，股东主张公司权力机构运行机制失灵，股东在管理、收益等方面的股东权益难以保障，股东主张公司存续将使其遭受重大损失具有合理性。本团队律师代理的A公司起诉解散C公司的案件中，A公司主张C公司成立至今一直亏损，公司存续将损害其股东利益的主张未

① 参见：最高人民法院指导案例8号。

② 参见：(2019) 最高法民终1504号。

得到支持。法院最终综合考虑公司经营团队的稳定性、公司目前正在进行的项目情况、公司的市场竞争力等因素，认定 C 公司存续不会损害 A 公司的股东利益。

在司法实践中，法院会考虑的因素还有公司的经营管理陷入非常态模式，公司经营能力和偿债责任能力显著减弱，公司股东无法正常行使参与公司经营决策、管理和监督以及选择管理者的股东权利，公司的经营方式已经完全背离设立目的，公司债务结构复杂、业绩萎靡、财务混乱等情况，综合考量公司的存续是否会致使股东利益受到重大损失。除考察其经营管理情况、公司组织机构运行状况等方面外，法院还会从各股东是否还有合作基础、公司是否可能恢复经营等长远发展角度予以考虑。

（三）穷尽其他途径要件

该要件并非要求股东在起诉之前必须穷尽所有的救济途径后方能提起诉讼，而是因为解散公司之诉关系到公司的生死存亡，法院希望股东之间、股东与第三方能寻求更好的解决途径。即便在诉讼过程中，法院也会重视调解，建议股东通过内部股权转让、将股权转让给第三方、公司分立、减资等方式解决争议。如果公司股东未能举证证实已通过其他途径解决争议，可能会面临败诉。如向某诉天某公司公司解散纠纷案①中，湖北省武汉市中级人民法院认为公司股东会未形成有效决议，公司运行管理发生困难，表面上符合公司僵局的特征，但公司解散并非解决这一僵局的唯一途径，股东未穷尽内部的救济手段提起公司解散诉讼，法院未支持解散公司的诉讼请求。

同时，我国《公司法》立法也体现了“企业维持”的原则，2021 年 1 月 1 日，《最高人民法院关于适用〈中华人民共和国公司法〉若干问题的规定（五）》第 5 条规定：“人民法院审理涉及有限责任公司股东重大分歧案

① 参见：（2016）鄂 01 民终 112 号。

件时，应当注重调解。当事人协商一致以下列方式解决分歧，且不违反法律、行政法规的强制性规定的，人民法院应予支持：（一）公司回购部分股东股份；（二）其他股东受让部分股东股份；（三）他人受让部分股东股份；（四）公司减资；（五）公司分立；（六）其他能够解决分歧，恢复公司正常经营，避免公司解散的方式。”该规定强化了诉中调解的作用和地位，倡导股东通过多种途径解决争议。

（四）持有公司全部股东表决权百分之十以上的股东要件

该要件系股东的资格要件，在注册制的背景下，法院不会审核有限责任公司的股东是否履行了实缴义务，不会仅要求实际出资达百分之十的股东方能提起诉讼，而是以登记的股权比例进行股东的资格认定。而隐名股东，即使实际持有股权超过百分之十，也无法提起公司解散之诉。如沈某某、叶某某诉深圳某五金塑胶有限公司公司解散纠纷案①中，深圳前海法院认为隐名股东没有登记在公司股东名册上，故不能提起公司解散之诉。隐名股东只有将股权显名、变更工商登记后方能享有诉讼资格。

三、结语

综上所述，公司解散诉讼作为最严厉、最彻底的股东权益救济措施，司法实践中以“注重调解，谨慎干预”为原则。只有公司经营管理出现严重困难，严重损害股东利益，且穷尽其他途径不能解决的，才能判决解散公司。公司更应重视公司章程，完善公司内部治理模式。在公司解散诉讼过程中，公司应该收集公司内部经营管理制度的运行情况、公司业务的经营情况、公司员工的稳定情况等证据积极应诉，维持公司的稳定经营，更好地维护公司的整体利益。

---

① 参见：（2015）深前法涉外民初字第73号。

破产程序中引发的取回权纠纷

——融资租赁合同性质及租赁物特定化问题

禤蕴菁①

摘要：某融资租赁公司与热电公司于2016年4月27日签订《融资租赁合同（售后回租类）》，标的物为一套大型供热发电系统，合同总金额为2亿元，在履行合同过程中，因热电公司经营不善，热电公司以资不抵债为由，提出破产清算申请。该融资租赁公司委托本律师团队就热电公司破产程序全过程提供包含非诉与诉讼的专项法律顾问服务。裁定受理破产申请后，某融资租赁公司向管理人提出取回租赁物的要求，管理人主张双方构成借贷法律关系，拒绝某融资租赁公司行使取回权，因而引发破产程序中的取回权诉讼。本案经历一审、二审发回重审及重审一审后，最终取得胜诉的生效判决。

租赁物作为融资租赁合同的核心要素，具有担保出租人债权实现的功能。租赁物是否适格、价值有无虚增、是否实际存在等问题直接关乎合同是否具有"融物"属性，并以此影响合同性质和当事人的权利义务。希望通过本案代理经验的分享，能为同行提供一些办理融资租赁案件的启发。

关键词：法律顾问　诉讼　融资租赁　破产程序

---

① 禤蕴菁：广东胜伦律师事务所专职律师。

一、案件争议焦点[①]

本案的争议焦点是：（1）案涉融资租赁合同性质是融资租赁关系还是借贷关系；（2）案涉租赁物是否特定化。上述两个焦点实际是相互关联的，融资租赁合同中是否存在租赁物所有权的转移，是融资租赁关系与借贷关系的重要区别，而租赁物是否特定化，也是构成融资租赁关系的必要条件。针对上述庭审争议焦点，本律师团队代理意见主要对融资租赁合同与借贷合同的不同进行论证，结合本案中租赁物的特殊性质、合同签订背景及其特定范围、合理价值、租金构成、合同履行情况以及当事人之间的权利义务关系等因素，从融资租赁物适格、租赁物不存在“低值高卖”或“高值低卖”、租赁物具体明确与现实设备一一对应等多个方面发表意见。

二、一审判决情况

一审法院认为本案构成借款关系，“系以融资租赁为名，行借款之实”，其裁判理由如下：一是租赁物未特定化。作为《融资租赁合同（售后回租类）》附件的《租赁物清单》仅载明了设备名称、摘要和设备价值等信息，并未载明具体型号；热电公司出具的《所有权转移证明》及《租赁物交付确认书》虽记载了所有权转移但未列明发生所有权转移的租赁物的名称、型号等信息；原告提供的租赁物现场图无法与《租赁物清单》中列举的租赁物进行比对，原告提供的《供汽管网卫星图》仅体现了管道布局与走向，无法指向《租赁物清单》中列举的租赁物。二是租赁物并未实际交付。首先，因租赁物并未特定化，原告提供的证据均不能证明其已对《租赁物清单》中列举的租赁物进行现场查验、清点和交接，无法证明租赁物已实际

① 本案例为作者在某些真实案例基础上，为说明法律问题，编辑、加工而成。

交付。其次，合同约定随同租赁物交付给出租人的资料包括租赁物权属证书、发票、合同等，根据查明事实，原告并未完整收取《租赁物清单》中的 276 张发票，无法证明已实际交付。最后，《租赁物清单》中含有建筑工程、烟囱等不动产，不动产产权转移应以登记为生效要件，但原告并未办理不动产登记，不发生不动产转移的法律后果。

一审法院没有结合租赁物客观实际情况进行分析。在本案中，双方均确认案涉的供热发电设备在合同签订时已建成投入使用，其后并未进行过任何添附，该供热发电设备在热电公司现有资产中是真实存在、固定且唯一的。而又因为供热发电设备此类大型机械设备的特殊性，无法与其他常见的融资租赁物一样（如汽车等），仅通过描述物的规格、品牌、型号等信息即可将其通过书面约定予以明确固定。因此，在固定此类复杂庞大的租赁物时，通常采取《租赁物清单》的形式，将组成该租赁物中涉及的全部零部件、子系统等通过清单形式列明，并将其予以固定明确。一审法院认为《租赁物清单》中所列的单独设备无法与最终组建形成整体的供热发电设备一一对应，明显忽视了案涉租赁物特点，并未将证据材料与案件实际情况结合进行理解。进而以《租赁物清单》无法与现实供热发电设备一一对应，认定双方并未进行实际交付。因《租赁物清单》中涉及部分建筑工程、烟囱等不动产，并未办理登记转移，从而认定不动产部分并未交付。实际操作中，此类大型供热发电系统，除购置具体部件外，实际上也需要实施建设工程的单位将相关部件组装起来才能形成系统。如烟囱工程虽然并不属于动产，但现实操作中鲜少对烟囱进行不动产登记，因此，自然无法进行所有权转移的登记，但烟囱是整体系统不可或缺的部分，如果《租赁物清单》仅列举零部件，不将相关的工程列入清单，一方面租赁物实际价值无法体现，另一方面无法体现整体租赁物状况。

律师团队代理某融资租赁公司向某省高级人民法院提起上诉。在二审过程中，团队律师通过对案件法律关系的不断探讨论证，进一步完善证据链条，调整及优化诉讼方案，在法庭上据理力争。

三、二审判决情况

二审法院基本认可我方提出的主张及理由：第一，关于租赁物是否特定化的问题。租赁物范围已经通过《租赁物清单》确定，清单中部分设备明确、特定，能与实物资产相对应，且热电公司陈述热电公司除《租赁物清单》所列设备外，该公司也不存在其他同类设备，即其认可清单所列设备的唯一性。第二，关于租赁物是否已实际交付的问题。合同约定相关所有权转移证明书和租赁物交付确认书签署与否，以及交付时出租人与承租人是否亲临交付现场均不影响租赁物的交付和所有权转移，租赁物原购置合同复印件、发票复印件等权属证明文件的交付属于热电公司应予履行的附随义务，其履行与否不影响所有权转移及租赁物交付的效力。租赁物的所有权及出租物的使用权已根据合同约定进行实际交付。第三，清单所列的建筑工程、安装工程、管网工程、烟囱等是否为租赁物的问题。上述虽不能单独作为租赁物，但某融资租赁公司能进一步证明列入《租赁物清单》的、与实物资产能够对应的具体设备中存在相应的建筑工程、安装工程、管网工程费用支出的部分，应予支持。第四，融资租赁法律关系中包含资金融通的内容，就该部分内容双方以交易资金作为本金并计算相应利息以计算租金成本，符合融资的常理逻辑。第五，本案是否构成民间借贷关系的问题。热电公司仅以双方在订约、合同履行中存在“本金”和“利息”的表述等理由主张双方之间构成借贷法律关系，依据不足。

二审法院对某融资租赁公司与热电公司之间构成融资租赁法律关系的确认，使本案在法律上最大的争议得以消除。对案涉租赁物范围的认定，关系到某融资租赁公司行使取回权所对应的租赁物的范围，而一审法院未对案涉租赁物清单中的设备进行一一核对、确认并作出评判，属于事实认定不清，二审法院依法发回某市中级人民法院重审。

四、重审一审判决情况

最终，重审一审法院对某融资租赁公司提出的诉讼请求全部予以支持，理由如下：第一，关于法律关系。本案中订立合同目的明确；租赁物明确特定；租赁物实际交付使用；承租人热电公司依约支付了部分租金。以上符合融资租赁合同特征，而不符合借款合同的特征。第二，关于合同解除。管理人自破产受理之日起 2 个月内未通知某融资租赁公司继续履行合同或解除合同，某融资租赁公司有权请求解除合同。第三，关于合同解除前未付租金、违约金、经济损失、律师费、评估费等赔偿，由于热电公司经营不善，未按照约定支付租金，导致破产清算，应承担相应违约责任。双方签订的合同解除后，某融资租赁公司有权请求收回租赁物并要求赔偿损失。

五、结论

根据本次判决结果可知，法院已采信了团队律师提出的融资租赁合同法律关系的主张，并依据法律规定、双方签订的合同、双方现实履行的事实情况，采纳了律师的代理意见，支持某融资租赁公司对租赁物行使取回权，判决被告承担某融资租赁公司的租金以及经济损失，对本案作出了正确的处理。

六、本案的参考价值

（一）融资租赁合同应同时具有“融资”和“融物”特性

融资租赁因其所独有的融资和融物双重属性，自我国 20 世纪 80 年代引入融资租赁交易模式以来，就与买卖、租赁、担保制度关系密切，既有类似之处，也有各自特点。有关融资租赁合同的性质问题一直存有争议，主要有两方面原因。一是融资租赁合同自身具有融资和融物双重属性的特点，其权利义务关系与借款合同、保留所有权的分期付款买卖合同、抵押担保合同有一定的相似之处。就融资租赁合同和无担保的借款合同而言，前者有租赁物的存在，后者无租赁物的存在；前者有租赁物的所有权转移，后者只有货币的借入与偿还关系。就融资租赁合同和有物权担保的借款合同而言，前者享有租金债权的出租人拥有对租赁物的所有权，后者借款合同的贷款人仅拥有对标的物的抵押权或质押权；前者合同期满，租赁物的归属可以有返还、留购或者其他让渡的方式，后者借款人在合同约定的期限内未按期偿还借款，债权人可就担保物行使优先受偿权。二是在我国金融业管制较严、市场主体获取商业银行贷款普遍较难的背景下，存在一些市场主体借融资租赁之名实现贷款融资的目的，使部分融资租赁业务变成变相的贷款，由此产生融资租赁合同形式与借款融资实质相结合的情况。[①]

就本案而言，论证融资租赁合同与借款合同的法律性质问题就是重中之重。两种合同虽然都有“融资”的特性，但如上所述，两者亦存在较大的区别，根据《民法典》第735条关于融资租赁合同的定义可知，融资租赁合同需要同时具备：支付租赁物对价的“融资”以及与购买、使用租赁物即转移租赁物的所有权及使用权的“融物”相结合，而借款合同则仅有资金流通，不存在物的所有权、使用权的转移，在有物的担保的借款合同中，也只是在物上设定了担保权，并不涉及所有权和使用权的转移。综上，融资租赁合同区别于借款合同最显著的特征就在于租赁物所有权、使用权的转移。

① 最高人民法院民法典贯彻实施工作领导小组：《中华人民共和国民法典合同编理解与适用（三）》，人民法院出版社2020年版，第1612页。

（二）租赁物特定化问题

在本案中，租赁物是热电公司的一套供热发电系统，在双方签订《融资租赁合同》前，热电公司于2015年年底就已将供热工程投产运营，相关设备已完成建设并固定在地面上，其后并未作任何添附。该设备本身就具有不可拆分、不可移动等特性，无法通过对型号、规格、品牌等进行单一的、简单的描述即可将租赁物予以具体固定。但这并不意味着租赁物无法特定，或无法转移租赁物所有权及使用权。《租赁物清单》就是确定本案租赁物范围及具体对象的依据，在本案中，因为租赁物本身的特殊性，当事人采用了融资租赁行业惯例，将组成这套大型供热发电系统所需的全部设备、零件及必要的工程列明形成了《租赁物清单》，根据清单所列设备均能在厂区找到相对应的固定资产，又因在本案的事实背景中，有且仅有一套供热发电系统，因此，可以认定租赁物已特定且唯一。

推及至实务操作中，在处理具有复杂性的租赁物时，出租人应注意编排《租赁物清单》内容，将所有可以将租赁物予以固定的因素均包含在内，加强租赁物的特定性与唯一性。

实践中，随着融资租赁交易模式的引入，融资租赁在我国呈持续高速发展态势，不仅新设的融资租赁公司数量持续快速增长，融资租赁业务总量和纠纷数量也呈高速增长态势。就保护交易安全、促进融资租赁行业发展的角度而言，融资租赁公司在交易过程中要更加注重交易细节，明确租赁物及融资租赁合同性质，具备信息完整、准确的《租赁物清单》、租赁物的原始买卖合同与发票、租赁物交接确认单、依法办理所有权登记（如动产，则可以在中国人民银行征信中心所属的动产融资统一登记系统办理）。此外，在提供企业常年法律顾问服务或专项法律顾问服务时，非诉服务总是伴随着诉讼服务发生，专业的企业法律顾问，除了将可能发生的法律风险提前排除或予以预防，也要在诉讼服务需求发生时，提出合理的方案及制定正确的诉讼策略，企业法律顾问随时都需做好非诉与诉讼衔接服务的准备。企业法律顾问应当坚持以事实为根据，以法律为准绳的原则，促进企业深化改革，转换企业经营机制，提高企业经济效益，推进企业生产、经营的发展。

第六部分

律师工作实务

浅论律师在企业危机公关事件中的作用

张豫侃[1]

摘要：企业管理中出现的公关危机往往涉及法律问题，律师在其中可以帮助企业作出正确的决策，化解危机。本文通过一宗酒店企业与顾客的名誉权纠纷以及一宗家居企业与经销商的名誉权纠纷，以此类案件为出发点，探讨律师可发挥的作用，并简要提出企业在处理公关危机时的破局路径。

关键词：企业危机　名誉权纠纷　律师作用

企业在日常经营过程中，可能会由于自身管理不善、同行不正当竞争、客户恶意投诉以及一些突发事件而招致媒体的负面报道，给企业的品牌形象带来危机。在企业发生危机时，企业需要采取一系列自救措施，包括消除影响、恢复形象，化被动为主动，这就是企业危机公关。律师作为专业人士，相对比较清楚企业危机公关中可能出现的各种法律问题，知道企业在面对不同问题时应该采取的措施和步骤，能够帮助企业在危机公关事件中作出正确的决策，解决各类棘手问题，化解企业危机事件，直至转危为安。对此，笔者基于在企业危机公关中的实践经验，结合具体经办案件，浅谈律师在企业危机公关中的作用，与同行和企业家分享。

---

① 张豫侃：广州金鹏（黄埔）律师事务所主任。

一、案例

案例1[①]**：**2020年某日晚上，某顾客在笔者担任企业法律顾问的某酒店公共过道不慎摔倒。该意外发生后，酒店值班经理立刻安排工作人员将该顾客就近送至某三甲医院诊治。随后，值班经理通知总经理、顾问律师、客服经理、保安经理等召开紧急会议，了解具体情况并部署工作安排。会后，值班经理便前往医院看望该名顾客。酒店从顾客处了解到，该顾客是从外地到广州的，初来乍到，身上的钱财差不多也已用完，无钱支付医疗费用。酒店在事故原因、责任尚未查明之前，为其先行垫付医药费、杂费、住宿费等合计10万元左右，并安排专门工作人员照顾顾客在住院期间的日常起居。另外，该顾客的家属过来探望时，免费为其提供食宿，安排司机专人专车接送。该顾客住院半个月后，医院主治医生表示该顾客已经完全康复，可以出院，但顾客要求继续治疗，并向酒店要求赔偿20万元后才出院，遭到酒店明确拒绝。最后，在酒店负责人、保险公司工作人员、医生的共同沟通下，为该顾客争取多住院一周。该顾客出院的第二天，在酒店用完餐后，竟然更换一套病人服装，在酒店大堂举起不切实际的宣传标语，向酒店索赔。

对此，在笔者的建议下，酒店所属企业选择报警。警方接警后，迅速派出警员进行调查处理，最后认定该顾客的行为不当，影响酒店的正常经营管理秩序，并告知该顾客可以选择合理、合法的方式解决双方可能存在的争议，最终责令其停止侵权行为。

次日，该顾客向酒店所在地几家主流媒体虚假爆料，使得该事件在社会上进一步广泛传播，并给当地酒店行业带来了恶劣影响。为此，在律师的建议下，酒店所属企业委托律师召开新闻通气会，向记者客观、真实、全面地

---

① 本案例为作者在某些真实案例基础上，为说明法律问题，编辑、加工而成。

反映本次事件的过程，表示愿意积极配合相关部门调查，依法承担应当承担的责任，并传递了通过法律途径解决争议并依法维护企业名誉权的意思。

随后，在笔者的建议下，酒店所属企业向当地法院提起了名誉权诉讼。法院认定："名誉是社会上人民对公民或者法院的品德、声誉、形象等各方面的综合评价。公民、法人享有名誉权，公民的人格尊严受法律保护，禁止使用侮辱、诽谤等方式损害公民、法人的名誉。"最后该顾客须向酒店书面赔礼道歉，消除给酒店造成的不良影响。此外，该顾客发生摔伤的地方是公共走道，可以通往银行、写字楼等地方，且顾客是成年人，对于本次摔倒意外，双方均有责任，鉴于酒店已经为其先行垫付所有费用，并尽到了善意管理人的全部义务，无须再向该顾客支付任何费用。至此，酒店成功处理本次公关危机，并赢得了消费者、同行业单位的好评。

案例 2①：2021 年 1 月 8 日，刘某与某家居企业签署《经销商承诺函》，成为某家居企业的经销商。2021 年 12 月，合同即将到期，刘某在业绩未完成，严重违反《经销商承诺函》的情况下仍希望续约。某家居企业通过了解刘某的经营规划，经综合评估，根据合同条款不予续约。刘某不满，对某家居企业实施了以下行为。

（1）2021 年 12 月至 2022 年 3 月：刘某通过个人微信朋友圈、抖音、微博等平台发布侵权内容，通过引导相关公众议论，实施侵害某家居企业名誉权的行为。

（2）自 2022 年 1 月起，刘某多次要求某家居企业支付解约赔偿数百万元（目前为 496 万以上)，但并未起诉某家居企业证明存在相关损失。

（3）刘某持续通过各种手段向某家居企业施压，如在互联网平台发布不实信息，多次向信访部门、12345、派出所、企业所在地的司法所、市场

---

① 本案例为作者在某些真实案例基础上，为说明法律问题，编辑、加工而成。

监督管理部门等投诉，多部门介入了解事情原委后，与其沟通调解，但刘某坚持己见，一心索取经济赔偿，不接受其他调解建议或选择法律途径解决问题。

（4）2022 年 6 月中旬，刘某身穿损害某家居企业名誉的文化衫，在某大型家居展会现场，干扰展会秩序，被公安机关处以行政拘留，后刘某和丈夫频繁来到某家居行业企业办公地点，身穿前述文化衫示威，长达 4 个多月。

笔者接受某家居企业的委托，向其提供解决此次企业危机公关的咨询意见。根据律师的建议，某家居企业采取了以下措施。

（1）某家居企业提起名誉权侵权诉讼。最终判决刘某通过微信朋友圈、抖音账号、微博账号公开向某家居企业赔礼道歉，以消除影响、恢复某家居企业名誉。

（2）向政府有关部门反映刘某对企业非法维权的情况，联合政府有关部门保持积极沟通态度，配合有关部门和刘某商谈，但刘某执意提出高价索赔要求，某家居企业无法满足。通过政府有关部门的协调，刘某表示愿意通过法律途径解决与某家居企业就经销合同产生的纠纷事宜。

（3）针对刘某身穿文化衫损害某家居企业的名誉权行为，某家居企业提起了新的名誉权侵权诉讼，同时主动发起与刘某签订的经销合同违约之诉，有力地制止了刘某对某家居企业过度维权的行为。

二、企业危机公关的粗浅建议

基于上述两个企业危机公关事件案例的处理经验，在企业发生类似危机时，笔者建议企业可按如下几步进行处理。

第一，迅速组织专门人员进行事件调查，了解事件发生的前因后果。

第二，聘请专业律师撰写事件报告，评估事件影响，预测事件后果，并向企业管理层汇报，给出问题解决方案和相关法律建议。

第三，明确解决方案，由专业律师撰写公关信息稿，统一口径对外发布，如有必要还可与媒体进行互动。

第四，聘请专业律师协助处理善后事宜，草拟相关法律文件，提起包括但不限于名誉侵权、合同违约、侵权等民事诉讼，如对方维权过度也可以考虑采用邀请行政部门介入、刑事报案等措施维护企业合法权益，将企业危机事件控制在法律处理范畴。

第五，复盘总结企业危机事件，形成企业危机公关事件报告，并及时制定企业危机应对预案。这样，企业在发生公关危机时，才能有条不紊地处理事件。

三、企业危机公关事件处理中律师发挥的作用

通过笔者分享的上述两个企业危机公关事件，我们可以更深层次地看到，律师在企业危机公关事件处理过程中，具有如下作用。

（1）危机预防。系统性分析和评估可能对企业产生不利影响的问题，列出问题清单，制订企业危机预防计划书。

（2）建立危机处理预案。针对实务中多发的危机建立应急预案，协助企业建立危机管理部门，第一时间妥善处理危机。

（3）危机应对。针对已经爆发的危机启动应急预案，判断危机的损害程度，评估危机预案的效果，并适时对其作出调整和修订，掌握危机处理的主动权。

（4）危机调查。在处理危机的过程中，可以主动邀请政府有关部门和新闻媒体参与调查和处理危机的全过程，以增强公众对企业危机处理的信赖感，恢复企业良好的公众形象。

（5）诉讼维权。在企业危机公关事件突发后，根据危机的进展，采取

包括但不限于民事、行政、刑事措施解决危机，将危机控制在法律范畴。

（6）媒体应对。律师可以在危机发生后应企业要求担任其新闻发言人，与媒体协调，并代为拟定相关新闻通稿。充分利用律师的公共关系和媒体资源，建立良好的沟通渠道，坦诚地向社会公众说明造成危机的原因和解决的方案，掌握新闻报道的主动权，以争取赢得公众的理解和认可，维护甚至提升企业的公众形象。

（7）协助企业建立媒体分级体系。日常工作中，与媒体保持良好的沟通，建立媒体资源数据库，在征得企业允许的情况下，主动向媒体发布企业的相关信息、新闻稿等。

（8）策划包装企业的公益形象。在企业危机公关过程中，引入公益元素，可以起到疏导公众情绪的作用，帮助企业塑造一个富有社会责任感的形象。

（9）建立危机的事后总结制度。该制度包括系统分析危机发生的原因、相关预防及处理的全部措施，科学、全面地评价危机管理工作，分析危机管理工作中存在的各种问题，及时总结经验教训，并提出相应的改善措施，提升企业危机管理水平。

（10）危机营销。在处理危机的同时亦可进行企业营销，协助企业运用现代化传媒手段包括报刊、网站、微博、微信、抖音等工具进行形象管理和品牌推广，化危为机。

（11）危机公关培训。律师将处理各类企业危机公关事件中积累的经验与企业分享，定期对企业从事公共关系的工作人员进行培训，为企业培养危机公关人才。

四、结语

中国古语云，“祸兮福之所倚，福兮祸之所伏”，辩证地阐明了危机本身的双重属性。企业管理中危机的“危”不言而喻，但其“机”我们亦可看到：首先，危机可以暴露企业管理上的漏洞，使企业能对症下药，进一步提高企业管理水平；其次，企业在公关危机中往往会成为公众关注的焦点，如果危机处理得当，可以比在常态下更为有效地提高企业的知名度和美誉度，树立负责任的企业形象，从而赢得公众、客户、消费者的谅解或信任，而律师参与危机公关事件的处理正是这一化“危”为“机”的法宝。

提升企业常年法律顾问业务吸引力的方法探讨

周其俊[①]

摘要： 企业常年法律顾问业务是律师法律服务的传统业务，但由于事务繁杂、要求较高、价格不高、人身黏性高等原因，律师行业中形成该项业务吸引力不大的观点。笔者认为，虽然存在上述原因，但该项业务在律师业务中毕竟有其独特作用，体现在企业常年法律顾问业务的客户较多，稳定性较强，在此类客户中开发新业务，比开发一个新客户容易，法律服务费坏账率极低等。因此，笔者认为有必要总结经验，探寻提升企业常年法律顾问业务吸引力的方法。笔者总结归纳的方法包括增加费用和降低成本两个方向，具体分为8个具体方法，希望有利于在实践中不断拓展常年法律顾问业务。

关键词： 企业　法律顾问　吸引力方法

企业常年法律顾问业务是律师法律服务的传统业务，自有律师法律服务以来，该项传统业务经久不衰。然而，据笔者多年来观察，虽然该项传统业务在服务市场中长期存在，但律师行业中有一种普遍观点认为，该项业务没有太大吸引力。

一、企业常年法律顾问业务缺乏吸引力的主要原因

1. 企业常年法律顾问业务的事务繁杂，通常包括合同审查、企业制度

---

① 周其俊：广东广信君达律师事务所律师。

审查、企业盖章文件的审查、法律咨询、律师函的起草与发送等。每件事务在法律专业方面通常不会非常复杂，甚至有些事务非常简单。但是，法律事务的数量、类型较多，律师与企业对接人员较多，客户对时间要求较高，与企业业务融合度较高，律师消耗的时间较多，且时间不间断，长年累月。上述情况，对承办业务的律师造成较大的心理负担。

2. 企业常年法律顾问业务对律师的综合素质要求较高。某些专项业务非常复杂，对法律知识深度的要求极高，对法律知识广度的要求相对没那么高。常年法律顾问业务则相反，对法律知识广度的要求极高，对法律知识深度的要求相对没那么高。企业在日常经营过程中遇到的法律事务涉及方方面面，服务律师不仅需要应用部门法中的民商法、经济法、刑法、民事诉讼法、刑事诉讼法、行政法与行政诉讼法等，还需要拥有诉讼业务经验、非诉讼业务经验，熟悉企业所处行业及所处行业地位，并需要有一定的生活阅历等。

3. 企业常年法律顾问业务的服务费普遍不高，与律师付出的时间、精力不匹配。企业通常以预算不可突破、费用无法控制、市场行情、友好关系、事务不多等理由，要求对常年法律顾问业务实行固定价格（一口价），且价格不高。但是开展服务后，可能会出现工作量与事前的估算差距较大的情况，严重打击律师的工作热情。另外，律师也难以预估客户未来的工作量，导致双方对价格的要求差距较大。

4. 企业对法律顾问业务的需求具有一定的人身黏性。部分法律业务可以与其他律师合作，由其他律师在幕后处理业务，但对企业法律顾问业务而言，不一定可行。因为企业的许多业务具有一定关联性，如果本人前期没有参与，或者参与得不深，难以在后续业务中满足企业的需求，难以应对企业提出的其他法律问题。更重要的是，部分企业习惯于对接某位律师，或者说仅认可某位律师，对多位律师提供服务比较反感，认为是律师转包再转包。由此，导致律师分身乏术。

二、企业常年法律顾问业务在律师业务中的独特作用

尽管有各种各样缺乏吸引力的原因，企业常年法律顾问业务作为传统业务，在律师业务中还是具有独特作用。

1. 企业常年法律顾问业务的客户较多，稳定性较强。一方面，企业是市场经济中的重要主体，基础数量大，而且企业对法律事务具有刚性需求，无论是在初创阶段、成熟阶段还是终结阶段。因此，企业常年法律顾问业务的市场庞大。另一方面，企业常年法律顾问业务往往是长期性的，每年对法律事务均有需求。这一特点与刑事辩护、自然人诉讼等业务不同。在刑事辩护、自然人诉讼等业务中，同一客户往往仅发生一次法律业务，此后不再发生。另外，企业对常年法律顾问服务具有一定程度的惯性，当企业与律师磨合好以后，便没有太大的动机更换律师。如果更换律师，两者需要再花时间磨合，对企业而言这是一笔不希望发生的成本。

2. 在企业常年法律顾问业务的客户中开发新业务，比开发一个新客户更为容易。律师在企业的常年法律顾问业务中，对企业的经营状况、业务范围等情况较为熟悉，容易发现企业存在的法律风险隐患，由此有助于双方迅速发掘法律业务需求。而且，律师与企业间已经建立起多年的合作关系，双方已具备较强的信任感，有助于双方迅速协商确定法律服务的范围、方式、价格等。另外，企业在日常经营中可能突然遇到诉讼案件，通常会第一时间找自己的常年法律顾问律师分析案情。因此，拥有常年法律顾问客户，对律师具有重要作用。

3. 企业常年法律顾问业务的法律服务费坏账率极低。法律服务费并非不会出现坏账，以笔者执业多年所见所闻，法律服务费同样有出现坏账的可能性，例如，企业客户破产，客户拒绝支付风险费用，客户单方解除委托合同。但企业对于该项业务的法律服务费通常相当重视，再者服务费金额普遍

不高，故不太容易出现不付常年法律服务费的情形。

4. 企业常年法律顾问业务对律师开拓新客户具有重要作用。拥有一个重要的常年法律顾问客户，对律师开拓相同行业的客户、上下游客户具有一定的广告效果。随着客户的增加，律师会在不知不觉中形成自己的擅长领域，有利于律师专业化的自我形成。

三、提升企业常年法律顾问业务吸引力的方法

提升企业常年法律顾问业务的吸引力，一言以蔽之，就是要提高该项业务的性价比。笔者总结归纳后，形成以下一些方法。

（一）事前与客户充分沟通

在开拓客户时，与客户充分沟通，宣传律师业务的范围与内容、各种收费模式、收费标准等。企业客户对律师业务未必十分了解，或者说没有深刻的理解，甚至有错误的理解。此时，事前的充分沟通显得尤为重要。事前的沟通，要让客户清晰地理解常年法律顾问服务的范围、内容、方式。有些客户需要律师在现场办公，或者每周现场办公几次，而有些客户并没有现场办公要求。现场办公需求对律师而言是一项重要的成本，如果事前缺乏沟通，律师费标准将显失公平。

（二）准确预估工作量

确定法律服务费之前，律师要针对该客户进行必要的工作量预估。可以通过了解行业特点、企业规模、财务数据、过往法律事务等情况，综合自己对该客户的了解，对每一位客户的工作量和工作难度作出合理的预估。该预估将直接影响收费模式及价格标准的确定。预估失败，将意味着这笔业务是一项亏损的业务。

（三）合理选择收费模式

目前的业务实践中，企业常年法律顾问业务的法律服务费收费模式，主

要包括固定收费模式、计件收费模式、按时收费模式、套餐收费模式。

固定收费模式通常对律师不太有利。企业通常不会因为律师提出的各种理由而轻易同意提高法律服务费标准。因此，如果要降低律师的风险，建议尽量减少固定收费模式的使用。

计件收费模式相对而言标准十分客观，如果单价合理、合适，对律师是一种相当友好的收费模式，值得多采用。不过，在计件收费模式下，会增加工作量记录、统计、对账的工作，如审查文件的记录、统计与核对。部分客户甚至需要双方对账，并签订结算书。

按时收费模式在境内客户中难以推广。一方面，我国没有这样的收费历史传统；另一方面，难以确定律师的工作时间。但对于境外客户可以尝试采用这种收费模式。基于历史传统，境外客户对按时收费模式的接受程度较高，对按时收费标准的敏感度较低。

笔者认为，套餐收费模式是目前对双方相对公平合理的一种收费模式。笔者曾经使用的模型如下：

1. 参与甲方的重大决策、经营管理中的重大事项，为上述事项提供法律建议；

2. 参与甲方的重大项目和重大合同的洽谈，为上述事项提供法律建议与支持；

3. 审查甲方拟定的对外重要法律文本和重大承诺；

4. 全程参与甲方的分立、合并、破产、解散、投融资、担保、租赁、产权转让、招投标及改制、重组、上市等重大经济活动，为上述事项提供一般性法律建议；

5. 对甲方的章程、议事规则、重要规章制度进行合法性审查；

6. 为甲方解答交办的各类法律咨询，为甲方防范各类法律风险提供综合法律支持；

7. 根据甲方需要，就甲方已经或有可能发生的纠纷和风险进行法律论证，提出解决方案，或者根据甲方需要参与非诉讼的谈判、协调、调解；

8. 根据甲方需要，出具需加盖乙方印章的律师函（每年不超过5份）；

9. 根据甲方需要，就甲方经营决策中的重大问题出具需加盖乙方印章的法律意见书（每年不超过10份）；

10. 接受甲方委托，签署、送达或者接收文件并及时通知甲方；

11. 根据甲方要求，协助开展法律培训以及日常普法活动（每年1次，每次不超过2小时）。

从上文可见，律师函、法律意见书、法律培训这三项服务，其实是企业最常出现的需求，在常年合同中增加该三项服务在数量上的限制，可以有效降低律师在该项业务中的亏损风险。当然，如果谈判地位较高，可以针对每一项具体的服务内容在数量上进行限制。

（四）在合同中为追加费用预留可能性

对管理成熟的企业而言，项目预算难以突破。如果常年法律顾问合同没有为追加费用预留可能性，将来即使出现了新的法律服务需求，企业也因预算无法突破而难以追加法律服务费。因此，有必要在常年法律顾问合同中预留追加费用的可能性，同时企业可以在签订常年法律顾问合同前，先申请一个比常年合同金额更高的预算，为将来追加费用留下可能。对于在常年法律顾问合同中预留可能性，笔者曾经使用以下模型：

1. 超过前述常年法律顾问服务范围规定数量的律师函、法律意见书；

2. 甲方涉及经济、民事、知识产权、劳动、行政、刑事等必须进入诉讼、仲裁（包括行政复议）等法律程序的专案代理事务；

3. 甲方计划开展的专项法律课题研究项目；

4. 甲方涉及长期投资、融资、企业改制、重组、并购、破产、股票发行上市等专项法律尽职调查、专项法律意见书或者专项咨询事务；

5. 因甲方上级单位下达或甲方确定的重点经营、建设项目，甲方需要聘请乙方作为专项法律顾问全程参与的；

6. 法律培训及日常普法活动超过1次，或单次活动超过2小时的；

7. 其他法律服务工作，满足下列条件之一的：

（1）工作时间跨度较长，需要连续全天工作达1周以上的；

（2）时间要求紧迫的重大任务，日工作量较大，日均投入律师3人以上的。

后来的事实证明，由于增加了上述约定，企业也事前设置了合理的预算，因此当出现新的符合合同约定的情形后，企业可以顺利签订补充合同，追加法律服务费。

（五）使用电子签章

企业常年法律顾问业务中，经常有文件需要律师签名和律师事务所盖章。这项工作看似平常，却需要耗费一定的人力成本和时间成本。如果使用传统方法，按照时间顺序，大致需要：打印文件，律师签名，律师事务所盖章，扫描文件发给客户，将纸质文件快递给客户，纸质文件归档保存。但是，如果采用电子签章，工作相应简化。大致顺序：在文件定稿后使用律师的电子签名，律师事务所使用电子印章，将文件发给客户。两相对比，可以发现，采用电子签章方式，省略了打印文件、扫描文件、将纸质文件快递给客户、纸质文件归档保存4个工作环节，工作效率大大提升，可降低律师的人力成本和时间成本。

电子签章在使用初期可能面临客户接受度不高的问题，但据笔者的经验，随着机关单位电子签章的推广使用，客户对律师文件使用电子签章的接受程度越来越高，甚至有客户主动要求律师使用电子签章，方便其无纸化办公。因此，推广电子签章的使用，对律师与企业客户来说是双赢的结果。

（六）总结工作成果与利用电子档案

如果接触企业常年法律顾问业务时间较长，可能会有相同感悟，就是企业咨询的法律事务，有部分是重复多次出现的。不仅在不同企业中可能会出现相同的法律咨询，在同一企业的不同年份可能也会出现相同的法律咨询。法律咨询看似简单，但会耗费律师的大量时间。因此，律师可以在日常解答法律咨询的过程中，有意识地将咨询的问题及答复意见进行归纳总结，形成自己的电子档案或者数据库。更重要的是，要善于设置关键词、检索词，方便日后检索使用。当该数据库的信息量足够大以后，甚至可以尝试做成一个服务产品，客户在数据库上面输入关键词，数据库能够提供与之相关的答案。一方面，可以降低企业员工凡事必问的概率，减少律师的工作时间；另一方面，可以把答案标准化和精确化，减少律师对同一问题作出不同回答的可能性，提升律师的专业形象。

（七）运用软件工具

草拟文件可以说是律师业务中一项耗费较多时间的工作。选用方便的软件工具，可以大大提高工作效率。例如，PDF 转换为 Word 或者 Excel，图片转换为 PDF，录音文件转换为文字，图片加工，采用 Excel 进行数据计算和分析，等等。软件工具对提高效率有巨大帮助。

客户在银行取得一份最近 5 年转账流水的电子文件，但该电子文件为 PDF 文件。根据客户的起诉要求，律师需要梳理出支出的金额、收入的金额以及一些含有附言的金额。如果采用传统方法，该项工作将耗费大量时间。但是，笔者采用便利的软件工具，顺利将该 PDF 文件转换为 Excel 文件，然后再设置一定的条件提取数据，起诉所需的金额在半小时内便梳理统计完成，比客户的预期大大提前。

除此以外，软件工具还可以帮助多位律师对同一份文件协同工作。在某些业务中，传统方法是每位律师草拟一份文件的一部分，然后合并，并经过多轮修改后定稿。由于律师人数众多，版本容易混乱。但是，如果使用软件同时对同一份文件进行协同工作，首先，可以避免文本的丢失和版本混乱而导致的错误；其次，可以让参与协同的律师及时根据最新的成果输出，一步到位地对文本作出论述和结论性意见。

（八）运用人工智能

人工智能系统给降低律师业务成本、提高工作效率将带来一场巨大的变革。与以往的电子系统不同，人工智能系统已经可以通过与使用者的多次交流，不断修正自己产出的文件成果，而且这些文件成果具有较强的个性化特征，并非冰冷的标准化模块。笔者曾经尝试使用某款人工智能系统草拟一份法律意见书和一份律师函。随着笔者对成果不断提出新的有针对性的修改要求，人工智能系统能够迅速修正和优化自己的文件成果，最终实现一份效果较为理想的文本。可以说，这样的成果质量，已经远远超过工作经验不足的律师草拟的文本。而且，在时间方面也是优胜的。可以预见，如果在企业常年法律顾问业务中充分运用人工智能，可以提高律师单位时间的产出，大大降低律师工作成本。

笔者始终认为，业务类型本身没有优质与非优质的区分，没有绝对的优质业务类型，也没有绝对的非优质业务类型。律师只有多总结、多思考、多尝试、多学习才能找寻最佳的解决方案。

青年律师如何开拓案源

——以餐饮行业法律服务为例

李文杰[①]

摘要：律师作为我国法治队伍的中坚力量，对我国法治政府、法治社会和法治国家事业的建设有着不可忽略的重要贡献。然而，青年律师作为律师行业的主力军，当前却遭遇经验浅薄和“案少人多”的系列执业困境，很大程度上阻碍了他们的良好发展。在面对案源匮乏问题时，青年律师应当不畏困难、从自身实际出发去破局。以餐饮行业法律服务为例，青年律师可以通过紧随时代、精修内功和善于营销三大方面来开拓案源。

关键词：青年律师　案少人多　时政　内功　营销

习近平总书记曾提出，“青年兴则国家兴，青年强则国家强”。[②] 在“十四五”规划中，由于我国目前的公共法律服务供给体制机制仍不健全，法律服务资源总量不足、配置不均衡，城乡分布、地域分布差异明显，欠发达地区公共法律服务人员、基础设施等资源短缺问题突出。司法部更是提出，

---

① 李文杰：北京大成（广州）律师事务所律师。

② 参见《决胜全面建成小康社会夺取新时代中国特色社会主义伟大胜利——在中国共产党第十九次全国代表大会上的报告》，载求是网，http：//www. qstheory. cn/2019-07/01/c_ 1124694838. htm，最后访问时间：2024 年 8 月 22 日。

到2025年，全国执业律师要达到75万名。[①] 通过整合法律服务资源，尽快建成覆盖全业务、全时空的法律服务网络，从而实现让人民群众切实感受到法律服务的便捷。律师作为法治队伍的重要组成部分，是推动我国法治事业良性发展的重要力量。青年律师作为律师的主力军和主要力量，更是律师行业常青、可持续发展的源头活水。因此，如何扶持和培养好青年律师，使其茁壮成长，不仅事关青年律师的自身成长、成才，也关涉全社会公平正义目标的实现以及中国法治事业的进程。为此，有必要通过深入剖析当前青年律师所遭遇的执业困境，从中抽丝剥茧以找寻出可供参考的切实建议，从而助推律师行业健康发展。

一、青年律师的执业困境

"律师这个行业，看起来很美，说起来很烦，做起来很难。"[②] 青年律师朝气蓬勃、精力充沛，理应在我国法治建设事业中大展拳脚，为推动和实现依法治国进程作出可观的贡献。然而，囿于种种因素，大多数青年律师在执业初期都会经历较为艰难的时期，会遭遇一系列难解的问题和困境，直接影响了青年律师的生存状况，很大程度上阻碍了青年律师的长远发展。为此，有必要指出青年律师的发展难题，以便对症下药，为我国青年律师的良好成长建言献策。

（一）经验浅薄的束缚

青年律师，其优势在于年轻，其主要短板也出于年轻。年轻，则意味着经验尚浅。相较于注重年轻化人才的理工科领域来看，律师行业则更多重视经验的积累。正如美国最高法院大法官霍姆斯所言："法律的生命不在于逻

---

① 参见《司法部关于印发〈全国公共法律服务体系建设规划（2021—2025年）〉的通知》，载中国政府网，https://www.gov.cn/zhengce/zhengceku/2022-01/25/content_5670385.htm，最后访问时间：2024年8月22日。

② 参见何静：《年轻律师的执业修炼》，载《中国律师》2014年第12期。

辑，而是经验。”① 青年律师的经验浅显，其主要原因有两个。其一，我国现行法学实践教育存在不足。尽管许多法学院校也设置了模拟法庭、法律诊所等法律实务类课程，也要求学生进行实习，但课程质量良莠不齐、实习时间不长等情况，导致法学生在毕业时难以具备良好的法律实务经验，也就造成了青年律师“输在起跑线上”。其二，目前的法律职业资格考试虽也趋向于考查法律实务内容，但仍偏重法学理论，其在提升法学生法律实务能力方面仍存在较大改善空间。基于青年律师法律实务经验浅薄的短板，便有全国人大代表提出要延长实习律师的实习期，以提升青年执业律师的实务能力。但这种“一刀切”的建议，更多苛责了实习律师，而忽略了律师事务所等其他外部因素对青年律师的铸就，对提升青年律师乃至全体律师的执业水平并无太多裨益。青年律师经验浅薄的短板，容易产生客户对其不信任的误解，这也是青年律师难以顺利获取、拓展案源的关键原因。

（二）“案少人多”的窘境

律师，究其根本，仍应当归属于服务行业。案源对于律师，特别是青年律师而言，譬如顾客之于餐馆，均为维持自身生存和可持续发展的根基，其关键性和重要作用不言而喻。根据已公开的统计数据，截至 2022 年底，我国目前有公职律师约 9.4 万人，社会律师、兼职律师约计 51 万人。② 而在案源方面，2021 年期间全国律师办理的各类法律事务约为 1308.5 万件。其中，诉讼案件为 811.6 万多件，非诉讼法律事务为 167.9 万件，为 84.6 万多家党政机关、人民团体和企事业单位等担任法律顾问。③ 如此平均下来，每位律师一年内能够办理的各类法律事务约为 21 件，但由于地区经济实力差距、

---

① Holmes, Oliver Wendell. The Common Law. Boston: Little, Brown and Company, 1881.

② 《司法部 2022 年法治政府建设年度报告》，载中国政府网，https://www.gov.cn/xinwen/2023-03/22/content_5747914.htm，最后访问时间：2024 年 8 月 22 日。

③ 《2021 年度律师、基层法律服务工作统计分析》，载司法部网站，https://www.moj.gov.cn/pub/sfbgw/zwxxgk/fdzdgknr/fdzdgknrtjxx/202208/t20220815_461680.html，最后访问时间：2024 年 8 月 22 日。

各地律师人数差距等发展不平衡的原因，律师一年内能办理的案件数量并不理想，且多数案件来源为亲戚朋友、本所同事或原客户介绍，案件来源并不稳定，朝不保夕。在“案少人多”的限制下，当前我国青年律师的发展并不尽如人意。部分地区律协的调查报告内容显示，一方面，青年律师年收入普遍较低，远低于行业平均水平，且有部分青年律师没有底薪，甚至还需交纳管理费或办公卡位费，执业成本较高。另一方面，现有律所无法为青年律师开拓业务，是大多数青年律师跳槽的主要原因。由于案源匮乏，甚至有不少优秀律师谋求转行，转型为公司法务、公务员或者其他行业人员，脱离律师队伍。概言之，案源的匮乏，是青年律师可持续发展的最大桎梏。因此，为助力青年律师快速成长，有必要针对青年律师面临的“案少人多”窘境，结合实际提出系列可供抉择的“良药”。

二、青年律师开拓案源指南

面对案源紧缺的困境，青年律师应当勇往直前，直面解决。当然，该问题并不容易解决，需要青年律师“内外兼修”，正如《笑傲江湖》中的令狐冲一般，做到既懂功法，又精通招式，如此，方能在激烈的法律服务行业中脱颖而出。此外，为了避免天马行空的抽象空谈，特以社会长久不衰的行业——餐饮行业为样本，详谈青年律师应当如何在此行业开拓案源、站稳脚跟，从中找到自身据以长远发展的根基。

（一）紧跟时代：弄潮儿向涛头立

我们每个人的自身发展都与社会的整体进步命运相连、息息相关。广大青年应当时刻关注国家大事、世界要闻。法律行业与政治密不可分，青年律师要想获取与开拓案源，就必须要关注时政热点，并从中敏锐地提取出未来法律服务业务的重点、热点。聚焦到餐饮行业，青年律师可以从国家时政热点中挖掘出潜在的案源。从中央出台的“八项规定”到《反食品浪费法》

等法律政策，无疑会对餐饮行业造成巨大影响，餐饮行业从此开始由大气挥霍逐渐向精致节约转型发展，中小型餐饮企业从中得以崛起、发展。而我们青年律师也可以通过提前接洽此类中小型餐饮企业而获得可观的案源，也可以为大型餐饮企业提供响应新规的法律合规业务而博取青睐，这便是时代给青年律师带来的政策红利。

把时间线拉到当前时代热点问题来观察，可以发现外卖骑手等新型餐饮从业者的劳动关系认定存在问题，是现在立法界、学术界和实务界一直关注与期待解决的棘手难题。譬如当前外卖骑手因违反交通规则而产生的交通事故在社会上并不少见，而这类群体的社会保障问题至今仍难以有效解决。当前，新就业形态已成为劳动者就业增收的重要渠道，如何依法保障好新就业形态劳动者的劳动权益，直接关系到平台经济的健康有序发展，事关更充分更高质量就业、公平正义和社会和谐稳定。如若青年律师能够对此深入钻研，为新型餐饮企业提供可行的劳动合规服务方案，助力企业解决该等纠纷，或者为立法和司法提供创新、可靠的思路和见解，无疑能够极大提升青年律师的知名度，从而拓宽青年律师获得案源的渠道，使其迅速成长起来。为此，作为青年律师，要学会跳出律师的固有圈子，更多关注、思考和解决社会问题，以此来提高社会知名度，获取社会认可。[①]

（二）精修内功：宝剑锋从磨砺出

律师，特别是青年律师，应当是一种学习型人才。除案源匮乏的苦恼之外，青年律师面临的另一个尴尬场景便是案源来了也接不住、做不好，反而有损自身的名声。在如今浮躁的社会中，青年律师应当耐得住寂寞、经得起诱惑，在缺少案源的时期，要将更多的时间和精力用于学习各类知识、技能，精修内功。为此，青年律师不应当过多焦虑于当前案源缺乏的现状，从

---

① 参见江平：《律师与法治》，北京出版社2021年版，第93页。

而浮躁地忙于社交而对业务能力的提升有所懈怠，“除非你坚定地倾向于不断提高的高品质生活而不是理想中的职业”[①]。在知识爆炸的今天，青年律师并不缺乏学习法律理论和实务技能的渠道与方式，在此便不再赘述。

值得一提的是，为了维护当事人的权利，律师须有多方面的职业才能。青年律师还需学习法律之外的知识和技能，如此方能游刃有余地与客户谈天论地从而拉近双方的距离，以更好地开拓和维持案源。譬如，如若青年律师要想获得餐饮企业的法律顾问业务，不仅要熟悉餐饮领域的基本知识，诸如中餐“八大菜系”常识等，还应大体掌握当地餐饮行业的基本现状、短板和未来发展趋势，此外，了解餐饮企业的特殊之处以及其中的法律风险所在，无疑会让青年律师在接洽餐饮企业时，拥有更多的谈判底气，从而更容易获取客户的信任而获得聘用。

与此同时，律师从事的是一种常与人打交道的行业，不仅要学习法律业务能力，还要学会如何为人处世。人是群居动物，是天生的“社会人”，是社会关系的主体，也是各种社会关系的总和。律师几乎时时刻刻都在和不同群体打交道，也时刻都在处理纷繁复杂的各类人际关系，既包括各类当事人之间的关系，也有与公检法机关的关系和对手、传媒的关系，等等。为此，青年应要学会、学好这门“人际交往”的艺术。一方面，青年律师要与人为善，竭尽所能帮助客户、当事人，以一种负责的态度，通过自己的所学所长为当事人排忧解难，让客户满意。如此一来，青年律师的努力终会让他人看到，自然案源也便终会“不请自来”，也就能够解决自己的燃眉之急。另一方面，青年律师应向餐饮企业的“服务员”学习，以谦逊、友好为服务态度，以解决实际问题为服务目标，以迅速掌握行业知识为学习宗旨，如此将更好助推青年律师开拓可观的案源。

---

① ［美］艾伦·德肖维茨：《致年轻律师的信》，单波译，法律出版社2014年版，第36页。

（三）善于营销：酒香也怕巷子深

不懂得营销的律师不是一个优秀的律师。律师，作为一种助力社会纠纷解决的专业行业，其兜售的法律服务本质上是一种商品。在如今的商业环境中，要想快速而持续地销售自己的法律产品，懂得营销已然成为青年律师必不可少的一种技能。青年律师要想开拓案源，必然要尊重市场经济规律，让专业的服务匹配到合适的客户。当然，青年律师的营销不能简单等同于“竞价”式推销，而应更多将营销看作一盘完整的棋局，由一系列能够互相配合的技术、能力、资源、组织等组成。法律服务的本质是获取当事人的信任。为此，青年律师需要将抽象的可靠性具象化，通过一系列营销方式全方位向客户展示出“我能创造什么价值”，让自身的法律服务水平可视化。如前文所言，注重学习是内功修养，而懂得营销则是掌握了武功招式，二者相互配合方能协调发展。

青年律师营销的一大方式，便是建立自身的独特优势。早期的法律服务行业由于并非精细化，许多律师是诉讼、非诉业务都涉猎的“万金油”律师，而如今随着知识领域的细分，社会和当事人更需要精通某一领域的专业律师。为此，便需要青年律师根据自身需要和能力选择一个细分领域精耕细作，不断扎根、成长，从而建立起自己的独特优势。就餐饮行业而言，专注于一个菜系的企业往往能够比“大杂烩”的企业更能长久经营，律师亦如此。此外，青年律师的营销方式也应跟进、学习当下的新科技手段。青年律师如若能够熟练地运用网络、自媒体、短视频等渠道对外推介自己，譬如寻找与自己志同道合的“吃货”朋友，并不断向“朋友圈”宣传自己对美食的所见所解以及自身的法律专业所长，也许就会有所收获。毕竟“多一个朋友多一条路”，尽管一时的营销可能难以起到立竿见影的效果，但是持续性的输出，从概率上讲总会产生正反馈的，无疑会比宅在办公室的律师获得更广的案源机会。为此，青年律师应当掌握各项对外营销的理念、知识和技能，大胆对外推介自己，主动走向市场谋取案源，从而坚实自己在市场经济中据以生存和发展的业务根基。

三、结语

初入律师行业，青年律师难免会经历艰难困苦的阶段，但这是青年律师破茧成蝶、成长成才的必经时期。与此同时，“我们要坚持走中国特色社会主义法治道路，建设中国特色社会主义法治体系、建设社会主义法治国家”,[①] 这是中国法治化发展的必然趋势，也是青年律师大有作为的未来前景。由于案源匮乏是青年律师难以迅速成长起来的关键短板，如何助推青年律师开拓案源也便成为当前律师行业乃至社会亟须关注和解决的一大难题。如何开拓案源，不仅在于青年律师的自我修养，也需要社会各界的扶持和培养，如此才能让青年律师在我国法治建设事业中大展拳脚，贡献出应有的力量。

① 参见《高举中国特色社会主义伟大旗帜为全面建设社会主义现代化国家而团结奋斗——在中国共产党第二十次全国代表大会上的报告》，载中国政府网，http：//www.gov.cn/xinwen/2022-10/25/content_5721685.htm，最后访问时间：2024 年 8 月 22 日。

图书在版编目（CIP）数据

企业常见法律问题分析及应对策略 / 广州市律师协会编. -- 北京 ： 中国法治出版社，2024. 11. -- ISBN 978-7-5216-4634-4

Ⅰ. D922. 291. 914

中国国家版本馆 CIP 数据核字第 2024ZN0064 号

责任编辑：王佩琳（wangpeilin@ zgfzs. com）　　封面设计：李宁

企业常见法律问题分析及应对策略

QIYE CHANGJIAN FALÜ WENTI FENXI JI YINGDUI CELÜE

编者/广州市律师协会

经销/新华书店

印刷/保定市中画美凯印刷有限公司

开本/710 毫米×1000 毫米　16 开　　印张/ 17. 75　字数/ 172 千

版次/2024 年 11 月第 1 版　　2024 年 11 月第 1 次印刷

中国法治出版社出版

书号 ISBN 978-7-5216-4634-4　　定价：68. 00 元

北京市西城区西便门西里甲 16 号西便门办公区

邮政编码：100053　　传真：010-63141600

网址：http：//www. zgfzs. com　　**编辑部电话：010-63141801**

市场营销部电话：010-63141612　　**印务部电话：010-63141606**